우리 자녀를 위한 신호등 성교육 시리즈

이만하길 다행이야

김지연_지음

마약, 카페인, 음란물, 게임 중독으로부터 위협받고 있는 아이들에게

아이에게 바른 가치관을 심어 주려는 양육자에게

여러분, 횡단보도 앞에서 신호를 기다리는데, 우연히 건너편에 서 있는 나의 아이를 보신 적이 있나요? 아마도 무척 반가우셨을 거예요. 집에서 볼 때보다 왠지 더 귀엽고, 사랑스럽고, 심지어 그립고, 안아 주고 싶을 거예요. 하지만 우리는 아이를 안아 주기 위해 바로 달려가면 안 됩니다. 조급해하지 말고 녹색신호로 바뀌기를 기다려야 합니다. 그래야 안전하기 때문입니다.

우리나라 행정안전부는 국토교통부의 자료집을 인용하여 신호등이 있을 때 아래와 같이 신중하게 보행할 것을 안내합니다.

첫째, 반드시 녹색신호에 건너가도록 한다.
둘째, 녹색신호가 켜지자마자 뛰어 들어가지 않도록 하고 차가 멈추었는지 확인한다.
셋째, 횡단보도를 벗어나 건너지 않도록 하고 반드시 횡단보도 우측으로 건너도록 한다.
넷째, 횡단보도를 건너는 자전거나 오토바이를 주의한다.
다섯째, 녹색신호가 깜빡일 때 무리하게 뛰어 건너지 않도록 한다.
여섯째, 횡단보도를 건너다 돌아온 방향으로 갑자기 몸을 돌려 뛰지 않도록 한다.
일곱째, 횡단보도를 건너다 되돌아올 때는 차가 멈추어 있는지 확인한다.
여덟째, 횡단보도에서는 친구들과 장난치거나, 휴대폰을 사용하며 혹은 게임기로 게임을 하며 건너지 않도록 한다.

더불어 아이들에게 이 내용을 철저하게 반복해서 교육해야 하는 이유를 다음과 같이 말합니다.

- 아이들은 무단횡단이 잘못된 행동이라는 것을 모른다.
- 아이들은 눈에 보이는 자동차만이 유일한 위험이라고 생각한다.
- 아이들은 자동차 안에 사람이 앉아 있기 때문에 자동차 형체가 사람이라고 착각한다.
- 아이들은 자동차의 커다란 전조등이 사람의 커다란 두 눈이라고 느끼기

때문에 눈을 통해 자신을 잘 보고 안전을 지켜 줄 거라 믿는다.
- 아이들은 도로 반대편 보도에 반가운 친구나 가족이 있을 때 그쪽으로 가고자 순간적으로 도로를 무단 횡단한다.

하지만 아무리 이렇게 아이들을 교육해도, 녹색신호가 아닌 적색신호일 때 길을 건너는 아이들이 있는 것이 현실입니다. 아이들뿐 아니라 어른들도 이런 경험이 있을 것입니다. 다만 대부분의 아이들이 그간 녹색신호일 때 건너야 한다고 철저히 교육받아 왔기 때문에, 적색신호에 건너는 행동에 대해 긍지를 느끼거나 '빨간불일 때 건너니 짜릿하네. 앞으로도 빨간불일 때 건너야지.'라고 마음먹지는 않습니다. '녹색불에 건너야 하는데……. 다음부터는 조금 더 일찍 준비하고 나와서 빨간불일 때는 건너지 말아야지. 위험할 수 있겠네.'라는 생각을 하기 마련입니다.

실제로 뉴스를 통해 적색신호일 때 건너다가 목숨을 잃거나 크게 다치는 사건을 접하게 됩니다. 물론 녹색신호에 건너다가 다치는 사람도 있지만, 이것은 신호를 어긴 자동차 때문입니다. 즉, 신호를 어기는 것은 정상적이고 일반적인 경우가 아닙니다.

공적 영역에서 행해지는 모든 교육은 신호등과 같습니다. 즉, 이미 명료하게 결론 난 것을 중심으로 교육해야 하며, 결론이 나지 않아 여전히 논란의 대상인 것을 마치 기정 사실인 것처럼 주입식으로 교육해서는 안 됩니다.

인간은 불완전한 존재이기에 협력이 필요하고, 질서를 잘 따를 때 효능감과 행복감이 증가합니다. 차에 부딪혀도 다치지 않는 전능한 존재라면 신호등의 신호는 중요하지 않을 것입니다. 하지만 우리는 건강했던 몸이 크게 다칠 수도, 죽음에 이를 수도 있습니다.

우리의 생명은 소중합니다. 그러므로 아이에게 "○○(아)야, 네가 길을 건널 때 신호등이 녹색신호든 적색신호든, 그건 중요하지 않아. 너의 마음대로, 느낌대로 건너. 너의 결정에 맡길게. 적당히 주변을 둘러보고 빨리 달려오는 차가 없다면 신호등 색과 상관없이 너의 자기결정권대로 건너. 너의 결정권이 제일 중요해."라고 교육하지 않습니다.

만약 아이들에게 이렇게 교육했다면, 아이들은 횡단보도 앞에 서서 어떤 색일 때 길을 건너야 할지 판단하지 못해 위험에 처하게 될 것입니다. 혹은 녹색신호든 적색신호든 건너고 싶을 때 건너는 게 자유라고 배운 아이들은 크게 다칠 수 있습니다. 그러므로 '자유'라는 이름으로 무질서를 용납해서는 안 됩니다. 모두가 질서를 잘 지켜 나갈 때 지속성 있는 자유, 진정한 자유를 오랫동안 안정적으로 누릴 수 있습니다.

우리가 중독 예방 교육을 한다 하더라도 중독되는 아이들이 있을 수 있습니다. 하지만 그렇다고 해서 처음부터 기준 없이 중독 예방 교육을 해서는 안 됩니다. 경험상 한 번 정도는 중독 물질에 노출되는 것도 괜찮다거나 혹은 그런 경험도 필요하다고 가르친다면, 그것은 아이들에게 심각한 혼선, 인지적으로 조망되지 못하는 혼란으로 몰게 될 것입니다.

팬데믹을 지나며 우울증 및 가정 폭력, 중독이 증가했고, 가정이 깨어지는 경우도 많아졌습니다. 수명이 길어진 만큼 고독한 시간도 증가하고 있습니다. 이런 상황 속에서 아이들은 어떻게 이 인생의 횡단보도를 건너야 하는지 알지 못하고 우왕좌왕합니다.

우리는 아이들에게 녹색신호와 적색신호를 알려 주어야 합니다. 즉, 생명이 보호되고, 가정이 안전 기지로서 잘 작용하여 모두가 외롭지 않고 행복한 세상, 모두가 다치지 않고 안전한 세상, 그리고 설혹 실수해서 적색신호일 때 건넜다 하더라도 반성과 성찰을 거쳐 다음에는 안전한 녹색신호에 건널 수 있도록 독려받고 위로받을 수 있는 세상을 만들어야 합니다.

중독 예방 교육은 가정과 교육공동체가 함께 책임지고 가야 할 중요한 영역입니다. 최대한 녹색신호일 때 안전하게 길을 건너 목적지에 도달할 수 있도록 가르치는 마음으로 교육해야 합니다. 그리고 이 교육을 따라오지 못하고 이탈한 아이가 있더라도, 적색신호일 때 아무 생각 없이 길을 건넜다가 자책하는 아이를 만나더라도 "이만하길 다행이야. 네가 무사해서 기쁘다. 다음부터는 초록불일 때 건너자."라고 말해 줄 수 있는 따듯한, 그러나 책임감 있는 양육자가 되어야 합니다.

다시 한 번 우연히 횡단보도 앞에 서 있는 아이를 만났을 때를 떠올려 봅시다. 우리는 신호가 바뀌기를 기다립니다. 조급해하지 말고 기다리면 아이를 만나 안아 주고, 가방을 받아 주고, 애썼다고 말해 줄 수 있는 순간이 곧 옵니다.
규명되고 안전한 가이드라인을 일관성 있게 제시하되, 일탈을 경험한 아이를 품으며 "이만하길 다행이야."라고 말해 줄 수 있는 인내심을 가진 양육자라면, 우리도 도널드 위니컷(D. W. Winnicott)이 말한 '충분히 괜찮은(good enough) 부모'가 될 수 있지 않을까요? 완벽하진 않아도 말이죠.

● 추천사 1

2,000년대 초반 미국 버지니아 의과대학에서 마약의 작용과 중독을 일으키는 기전에 대해 연구하던 때, 미국의 마약 중독자 실태를 접하게 되었습니다. 세계 최고라고 자부하던 미국의 충격적인 마약 조사 결과를 보며, 우리나라는 그렇지 않아서 참 다행이라고 안도했습니다.

그런데 언젠가부터 뉴스에서 우리 주변에 침투한 마약에 대한 소식들과 마약에 취한 사람들이 일으키는 흉악한 범죄들을 접하게 되면서, 이제 우리나라도 더 이상 마약으로부터 안전하지 않구나 새삼스레 느끼게 됩니다. 마약을 사용하는 사람의 수를 전수조사할 수 없기 때문에, UN은 인구 10만 명당 마약 사범수가 20명 미만이면 '마약 청정국'이라고 부른다고 합니다. 우리나라 인구로 보면 대략 8,000명에서 1만 명 미만이면 마약 청정국으로 분류되는데, 2016년에 이미 이 숫자를 넘어섰으며, 2022년에는 1만 8천 명, 2023년에는 상반기에만 이미 1만 명을 넘어섰습니다. 여기에 20~30을 곱하여 실제 상습적으로 투약하는 투약자의 수를 추산하는 산식으로 계산해 보면, 40만 명에서 60만 명이라는 숫자가 나옵니다. 포항시 인구에 해당하는 수의 마약 중독자들이 우리나라에 있다고 생각하니, 아찔합니다.

마약의 폐해를 누구보다도 잘 알고 있는 마약 연구자로서, 또 현재 마약 중독에서 벗어나도록 도와주는 약물을 개발하고 있는 입장에서 이 상황을 어떻게 해야 하는지 걱정하고 있던 차에 김지연 약사님께서 이 책을 준비하고 계신다는 소식은 가뭄 속 단비 같았습니다. 마약 중독뿐만 아니라 사회적으로 문제가 되고 있는 카페인 중독, 음란물 중독, 게임 중독에 대해서도 다뤄 주셔서 '중독'에 대한 경각심을 일깨워 주셨습니다. 또한 중독에 대한 예방법까지 제시해 주셔서 중독 퇴치에 많은 도움이 될 것 같습니다.

이 책이 앞으로 학교에서 또 마약퇴치본부 같은 교육시설, 중독자들에 대한 격리 치료시설 등 수많은 현장에서 교재로 사용되고, 사회에 중독 문제의 심각성에 대한 경종을 울릴 수 있는 시작점이 되었으면 합니다.

약학박사, 인벤티지랩 부사장

이마세

● 추천사 2

코로나19 팬데믹 이후 전 세계적으로 약물 중독이 폭증했습니다. 이 가운데 특히 미국은 마약과의 반세기가 넘는 전쟁 끝에 패배하여, "팬데믹 기간 동안 미국 청장년층 사망률 1위 원인이 마약"이라는 오명을 가지게 되었습니다. 마약 중독으로부터 청소년과 아이들을 보호하려면, 교육자와 양육자가 아이들에게 생활 속에서 마약의 문제점을 알리고 서로 소통하는 예방 활동이 필요합니다. 그래야 마약과의 전쟁에서 승리할 수 있기 때문입니다.

이 책의 저자인 김지연 대표는 마약 예방에 모범을 보인 청소년, 양육자 등에게 미국 대통령상을 줄 수 있는 권한을 가진 청소년 마약예방시스템 코야드(Council of Youth Anti-Drug, COYAD)의 한국지부를 맡고 있습니다. 김지연 대표의 저서 『이만하길 다행이야 : 중독 편』은 마약뿐만 아니라 다른 중독들의 심각성과 유해성에 대해서도 다뤄 주고 있습니다. 이 책이 예방 교육에 크게 기여하리라 믿어 의심치 않으며, 이 책을 학교와 가정, 사회단체에서 예방 시스템을 구축하는 데 필요한 도구로 강력히 추천합니다.

코야드 총재
Paul B. Lim

차례

아이에게 바른 가치관을 심어 주려는 양육자에게   02
추천사 1   07
추천사 2   09

1장	중독	—	11
2장	마약 중독	—	19
3장	카페인 중독	—	39
4장	그 외의 물질 중독	—	59
5장	음란물 중독	—	65
6장	게임 중독	—	81
7장	중독으로 망가진 뇌 회복을 위한 노력	—	97

절망 가운데 있는 아이를 마주한 양육자에게   108
미주   111

1장.
중독

1 중독이란?

중독은 생체가 음식물이나 약물의 독성에 의하여 기능장애를 일으키거나 술이나 마약 따위를 지나치게 복용한 결과 그것 없이는 견디지 못하는 병적 상태를 말한다.

모래 늪과 비슷한 중독(中毒)은 물질 중독(Intoxication)과 행위 중독(Addiction)으로 나누어진다. 물질 중독은 독성이 있는 물질을 먹거나 들이마시거나 접촉하는 것으로, 그것을 마시거나 피우거나 맞거나 하지 않으면 견디지 못하는 의존성이 생기며 금단 증상을 보이게 된다. 물질 중독의 예로는 카페인 중독, 술 중독, 담배 중독, 마약 중독 등이 있다. 행위 중독은 특정 행위로 인한 부정적인 결과가 예상됨에도 불구하고 통제력을 잃은 상태를 말한다. 행위 중독의 예로는 음란물 중독, 인터넷 중독, 게임 중독, 도박 중독 등이 있다.

> **유해약물과 의약품은 어떻게 구분할까?**
> 유해약물은 약성이 있는 유해하고 해로운 물질로, 대표적으로 술, 담배, 본드, 마약이 있다. 요즘에는 에너지 드링크, 고카페인 음료까지도 유해약물로 분류된다. 의약품은 약국에서 판매되는 치료용 약물이다. 만약 약국이 아닌 인터넷에서 판매된다면 이것은 의약품이 아니라 식품에 해당된다. 약국이 아닌 곳에서 의약품을 파는 것은 불법이기 때문이다.

> **외부 물질은 우리 몸에 어떻게 유입될까?**
> 외부 물질은 주로 소화기계, 호흡기계, 피부 점막, 주사를 통해 우리 몸에 유입된다. 소화기계로의 유입은 입으로 먹어서 들어오는 것으로, 경구요법이라고 한다. 호흡기계로 유입되는 경우 호흡을 통해 체내 혈류로 바로 들어오기 때문에 소화기계를 통한 전파보다 빠르게 퍼질 수 있다. 피부 점막으로 유입되는 것은 피부에 패치를 붙이는 경우다. 피부에 패치를 붙이면 패치 속 내용물이 우리 몸으로 들어와서 전신혈을 돌게

만들어 혈관을 통해 몸에 퍼지게 된다. 마지막으로 주사는 혈류를 통해 약물이 주입되기 때문에 주의를 기울여야 한다. 소화기계로 약물이 잘못 유입된 경우에는 위세척 등을 통해 유입된 약물을 제거하려는 시도를 할 수 있지만, 주사를 통해 혈류로 공급된 경우에는 많은 경우 돌이키기 어렵다.

각 약물마다 특성이 다르기 때문에 약물 분자량에 따라 주입 방법이 달라진다. 항생제 중 가장 강력하다고 알려진 반코마이신의 경우 소화기계나 피부 점막으로는 주입될 수 없기 때문에 주사를 통해서만 주입 가능하다. 라미실이라는 무좀 치료제의 경우는 입으로 먹었을 때 간에 치명적이기 때문에 연고로 만들어 피부 점막을 통해서 유입되게 한다. 그래서 어떤 성분을 어떤 통로로 유입시킬지는 얼마나 안전(Safe)하고 안정(Stable)한가로 결정된다.

DUR 시스템이란?

보통 병원에서 많이 쓰는 의약품은 엄격하게 처방되고 있다. 만약 수면제 30알을 처방받은 뒤 보름도 안 돼서 또 처방받으러 가는 경우, 더 이상 수면제는 처방되지 않는다. 왜냐하면 DUR이라는 시스템을 통해 어떤 약이 얼마나 처방되었는지 확인 가능하기 때문이다.

예를 들어 누군가 무좀약과 고지혈증 치료제를 같이 먹어야 하는 상황에 처했다고 가정해 보자. 그런데 무좀약과 고지혈증 약은 같이 먹으면 간독성이 심해져서 급성간부전으로 사망할 수도 있는 배합 금지약이다. 이런 경우 약국에 설치된 DUR 시스템으로 어떤 약이 처방되었는지 확인할 수 있기 때문에 배합 금지약이 동시에 처방되지 않도록 위험을 예방할 수 있다.

그러나 이러한 DUR 시스템에도 한계가 있다. 보험이 아닌 경우에는 DUR 시스템으로 확인할 수 없기 때문이다. 그래서 누군가 비급여로 처방을 받으면 배합 금지약을 동시에 처방받을 수 있게 될 뿐만 아니라 수면제도 이 병원, 저 병원에서 처방받을 수 있게 된다.

의약품의 유통이 손쉬워질수록 의약품 사용상의 사고, 즉 약화 사고가 증가하게 된다. 비슷한 예로 편의점에서 타이레놀 판매가 가능해진 이후, 프랑스에서는 타이레놀 약화 사고가 3천 배 증가했다고 한다.

❷ 누구나 중독될 수 있다

> 인간은 관계적인 존재이자, 무언가에 의존하는 존재이기 때문에 건강한 관계가 결핍되면 각종 중독에 빠지기 쉽다.

100세 시대를 살아가는 우리는 쾌락주의에 영향을 받고 있다. 이런 가운데 건강하게 살아가기 위해서는 신체의 건강뿐만 아니라 마음과 생각 또한 건강하게 채우고 지켜야 한다.

약물은 쾌락을 추구하는 도구 중 하나이며, 인간의 본성에 부합하는 측면이 있다. 초기의 심리학적 연구는 이런 쾌락 원칙에 의거해 약물 남용을 연구했다. 즉, 개인의 고통스러운 감정을 해소하고 즐거움을 추구하기 위해 약물을 사용한다고 생각한 것이다. 하지만 최근에는 개인적 결함을 해소하기 위해 약물을 사용한다고 보고 있다. 약물 남용이나 의존은 청소년이나 성격적으로 미숙한 사람들, 사회적 요구에 적절하게 대응하지 못하고 내적 갈등이나 개인적 충동성을 적절하게 다룰 수 없는 사람들에게서 많이 발생한다.

인간의 본성은 고립과도 밀접하게 연관되어 있다. 최근 일어난 팬데믹 속에서 인간은 각종 중독에 더 의존하게 되었다. 관계적 존재인 인간은 팬데믹으로 인해 사회적 거리두기를 하게 되었고, 모였을 때조차도 마스크를 쓰고 서로 가까이하지 못했다. 심지어 서로에 대한 의심이 생겨나기도 했다. 결국 팬데믹은 인간 사이의 믿음을 무너뜨리고 인간을 합법적인 고립 상황으로 몰아넣고 말았다. 이런 고립은 중독을 낳고, 다른 것에 의존하게 만든다. 중독은 아무도 차별하지 않기에 누구나 쉽게 중독에 빠질 수 있다. 그러므로 예방 교육을 통해 이것을 차단할 능력을 길러야 한다.

3 중독과 관련된 용어

중독 관련 용어에는 금단 증상, 내성, 의존, 역치, 갈망, 플래시백이 있다.

● **금단 증상**

알코올, 펜타닐, 모르핀, 니코틴, 코카인 등의 만성 중독자가 이것들을 섭취하다가 끊었을 때 일어나는 정신적, 신체적 증상이다. 금단 증상으로는 졸리지 않은데도 하품을 하거나, 재채기, 피로감, 불면 등이 있다. 또한 아프고, 불안하고, 손이 떨리고, 맥이 빠지는 허탈감을 느끼며, 우울증처럼 보이기도 한다. 그 외에 구토, 환각, 망상의 증상도 나타난다.

● **내성(Tolerance)**

약물의 반복 복용으로 인해 약효가 저하되는 현상을 말한다. 예를 들어 패치 한 장으로는 더 이상 효과가 없어서 두 장을 붙여야 하는 상태, 타이레놀 500ml로는 약효가 없어서 1,000ml를 먹어야 하는 상태를 말한다.

● **의존**

다른 것에 의지하여 존재하는 것을 말한다.

● **역치**

일반적으로 반응이나 기타의 현상을 일으키기 위해 계에 가하는 물량의 최소치, 보통 에너지로 나타낸다. 즉, 문지방이 높으면 넘어가기가 어렵듯, 역치가 높으면 쾌락으로 넘어가기 쉽지 않다. 역치가 높아졌다는 것은 내성이 증가했다는 것과 같다.

● 갈망

특정 목표를 향하도록 동기화된 상태를 표상하는 심리적 구성 개념이다. 갈망은 침투적이고 복잡하며 혐오스럽고 짜증스러운 감정을 동반하는데, 특히 중독 영역에서의 갈망은 중독의 악화, 재발에 중요한 역할을 한다(심리학 용어사전, 2014. 4). 중독됐던 경험이 있거나 중독 중인 사람은 갈망을 가지게 된다. 끊었다 하더라도 갈망은 남아 있기 때문에 갈망이 완벽하게 사라져야 완전한 치료라고 볼 수 있다.

● 플래시백(Flashback)

환각제를 남용했던 사람이 이를 중단한 후 수 주일, 수 개월 또는 수년 후에 환각제를 남용했던 당시의 환각 상태가 재현되는 현상을 말한다. 환각제는 중추신경계에 작용하는 약물과 달리 흥분 작용과 억제 작용을 번갈아 일으켜 예기치 못한 돌발적 행동을 유발하기도 하는데, 심한 경우 감정억제를 일으켜 자살을 꾀하거나 비인격적 행위를 유발하기도 한다(마약류 개요 - 관세청).[1]

④ 왜 공부에는 중독되지 않을까?(중독의 조건)

> 중독이 되려면 강한 자극과 빠른 보상이 필요하다. 그런데 공부는 통상적으로 사람에게 강한 자극을 주거나 강력하고 빠른 보상을 주지 않기 때문에 중독의 조건을 만족시키지 않는다.

중독은 어떤 자극에 의해 적절한 보상이 주어졌을 때 그 보상을 얻기 위해 같은 행동을 반복하고 싶어지는 것이다. 의학적으로 설명하면, 복측피개영역(VTA)이 자극되어 쾌락을 느끼게 하는 도파민이 나와야 한다. 그런데 자극이 강하고 확실하며, 보상이 빠른 게임, 술, 도박 등과 달리 공부는 보통 자극이 강하지 않고 보상이 빠르지 않은 편이다. 즉, 공부를 해도 중독될 만큼의 도파민이 나오지 않는 것이다. 그래서 우리가 공부에 중독되는 것은 쉽지 않다.

2장.
마약 중독

1 마약류

> 마약은 미량으로도 강력한 진통작용과 마취작용을 지니며, 계속 사용하면 습관성과 탐닉성이 생기게 되는 물질이다(약학용어사전). 마약류는 마약(양귀비류), 향정신성의약품(정신과 약), 대마(대마초류) 세 가지로 분류된다.

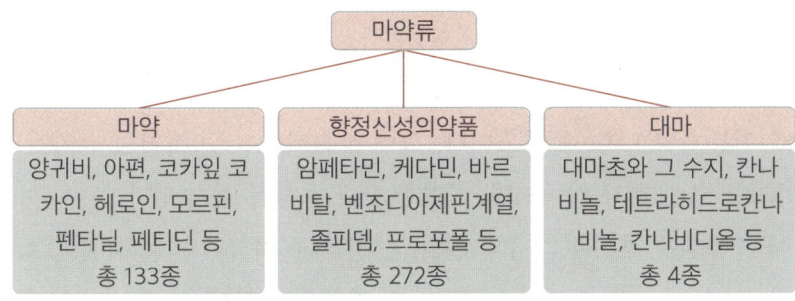

<마약류 - 식품의약품안전처, 2020. 6. 4 기준>[1]

마약(양귀비류)의 대표적인 예로는 펜타닐, 코카인, 헤로인, 모르핀 등이 있고, 향정신성의약품(정신과 약)의 대표적인 예로는 암페타민, 졸피뎀, 프로포폴 등이 있다. 그러나 마약류에 속하더라도 합법적으로 처방을 받으면 문제가 되지 않는다. 예를 들어 아이들의 기침약으로 가장 많이 처방되는 코데날시럽이나 향정신성의약품인 졸피뎀은 마약류의 성분이지만 합법적으로 처방받아서 사용할 수 있다. 그러나 합법적이지 않은 방법으로 사용하는 것은 무조건 불법이며, 대마 또한 불법 마약류에 해당된다.

마약류는 크게 마약, 향정신성의약품, 대마 세 가지로 분류돼요!

❷ 왜 마약에 중독될까?

> 마약의 자극은 짧고 강하기 때문에 호기심에 손을 댔다가 벗어나지 못하는 단계, 즉 중독으로 치닫게 된다.

마약은 중추신경계에 작용하면서 오용하거나 남용할 경우 인체에 심각한 위해가 있다고 인정되는 약물이다(약학용어사전).

펜타닐 같은 경우에는 진통 효과가 헤로인의 50~100배, 모르핀의 200배, 일반 소염진통제의 1,000배 정도이다. 그래서 슈퍼맨이 된 것처럼 느끼기도 한다. 하지만 그 약효가 떨어지면, 심각한 금단 증상을 겪게 된다.

마약에 중독되는 과정은 다음과 같다. 어떤 외부 자극에 의해 적절한 보상이 주어졌을 때, 그 보상을 얻기 위해 같은 행동을 반복하게 되는 것을 보상회로(Reward system)라고 한다. 이것이 반복되면 중독되는 것이다.

쾌락중추의 시작인 복측피개영역(VTA)을 자극시키면 쾌락을 느끼게 하는 도파민이 발생된다. 도파민은 해마, 측좌핵, 편도체, 선조체, 전두엽까지 퍼지게 된다. 세로토닌은 불안과 관련되어 있는 신경물질로서 안정감을 주며, 기분 전환과 관련이 있다. 이런 보상회로의 활성화를 통해서 마약의 효과가 나타난다.

마약의 자극은 강하고 인위적이다. 자연스러운 상태에서는 누려 본 적 없는 자극이라는 것이다. 그리고 보상이 즉각적이다. 즉, 마약은 중독될 수 있는 모든 조건을 다 갖추고 있다. 그러나 그 자극은 짧고 부질없이 지나가는 반면, 그 부작용과 금단 증상은 너무나 심각하다.

마약은 인위적으로 보상회로를 활성화시키기 때문에, 마약으로 역치를 높여 놓으면 소소한 기쁨에 도달할 수 없다. 일상에서의 소소한 즐거움과 기쁨으로 감사할 수 없게 되는 것이다. 결국 마약을 한 사람은 평범한 일상이 시시하고 지루하다고 느껴 일상생활을 제대로 할 수 없게 된다.

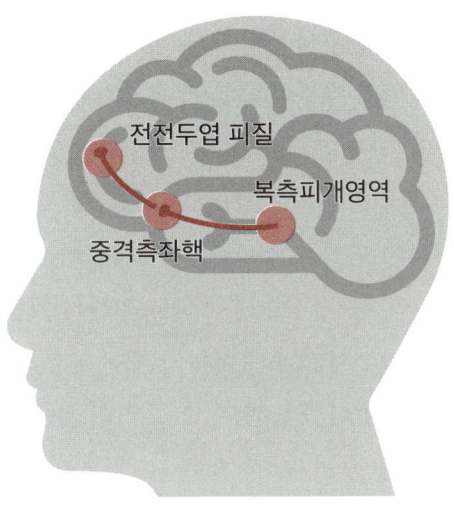

<보상회로>

❸ '마약 청정국'에서 '마약 위험국'으로 전락한 대한민국

> UN에서 말하는 마약 청정국은 인구 5,000만 명당 마약사범이 1만 명 이하인 나라이다. 우리나라의 경우 과거 마약관리법에 따라 철저하게 관리되어 마약 청정국으로 불렸으나, 2016년도부터 마약 청정국의 지위를 상실하게 되었다.

마약 범죄는 '암수성'이라는 특성을 가지고 있다. 암수성이란 비밀리에 은닉되는 성격이 있다는 뜻이다. 도둑질이나 살인, 폭행 등은 대부분 바로 드러나기 때문에 암수성이 높은 범죄가 아니지만, 마약 범죄는 발생 후 오랜 시간 뒤에 드러나는 경우가 많고, 결국 잡히지 않는 경우도 있어서 그 결과가 굉장히 치명적이다. 이러한 암수성 때문에 우리나라는 실제로 마약 청정국의 지위를 상실한 나라라고 볼 수 있다.

2018년, 검찰 조직을 줄이면서 마약 담당 부서가 다른 부서와 통폐합되었다. P 법무부 장관이 대검찰청의 강력부에서 마약 수사 부서를 없애 버린 것이다. 그리고 2020년도에 C 장관이 대검 마약과를 조직범죄과로 흡수시켰다. 강력부 안에 있는 마약 수사 부서를 없애 버린 것도 모자라 마약과마저 흡수시켜 버린 것이다. 2021년도에는 검경 수사권 조정으로 인해 경찰 조사를 받고 나서 수사를 중지할지 말지를 검찰이 아닌 경찰이 결정하게 되었다. 누군가 마약을 밀수하다 걸린 경우, 경찰에게 수사 권한이 있는 것이다. 그러나 한 경찰당 매달 100건 정도의 사건이 주어지기 때문에 관리가 쉽지 않다. 이로 인해 2022년 마약 사범 수는 1만 8,395명으로 역대 최대를 기록했다. 19세 이하의 미성년자 마약 사범 수는 481명으로 10년 전인 2013년에 비해 8배 이상 증가했고, 20대는 5,804명으로 6배 가까이 증가했다.[2] 대검찰청의 마약 범죄 모니터링 시스템이 가동되고 있지 않은 상황에서 이 정도 수치가 나왔다면, 실상은 더 심각하다고 볼 수 있다.

④ 마약류 관련 법률

마약류 관리에 관한 법률(약칭 : 마약류 관리법)
[시행 2011.6.7.] [법률 제18964호, 2022.6.10. 일부개정]
식품의약품 안전처(마약정책과), 043-719-2805
보건복지부(정신건강관리과-제40조), 043-202-3871

제1장 총칙 <개정 2011.6.7.>

제1조(목적) 이 법은 마약·향정신성의약품(向精神性醫藥品), 대마(大麻) 및 원료물질의 취급, 관리를 적정하게 함으로써 그 오용 또는 남용으로 인한 보건상의 위해(危害)를 방지하여 국민 보건 향상에 이바지함을 목적으로 한다. [전문개정 2011.6.7.]

유형	단순투약·소지	매매 및 알선	수출입 및 제조
향정 가, 목 (법정형)	1년 이상 징역 • 3년 이상 징역(제59조 제2항) • 1/2 가중(제60조 제2항)	무기, 5년 이상 징역 • 사형·무기, 10년 이상 징역	무기, 5년 이상 징역
향정 나, 목 (법정형)	10년 이하 징역 1억 원 이하 벌금 • 1/2 가중	10년 이하 징역 1억 원 이하 벌금 • 1/2 가중	무기, 5년 이상 징역 • 사형·무기, 10년 이상 징역
향정 다, 목 (법정형)	10년 이하 징역 1억 원 이하 벌금 • 1/2 가중	10년 이하 징역 1억 원 이하 벌금 • 1/2 가중	1년 이상 징역 • 3년 이상 징역
향정 라, 목 (법정형)	5년 이하 징역 5천만 원 이하 벌금 • 1/2 가중	5년 이하 징역 5천만 원 이하 벌금 • 1/2 가중	10년 이상 징역 1억 원 이하 벌금

<마약 범죄 처벌 형량 - 출처 : 합동법률사무소 영우 마약사건 전담팀>

5 마이클 잭슨을 죽게 만든 마약, '프로포폴'

프로포폴은 팝의 황제 마이클 잭슨의 사망 원인으로 알려지기 시작한 후, 잊을 만하면 뉴스를 통해 연예인이나 유명인들의 불법 상습 투약 소식을 접하게 되는 향정신성의약품이다.

프로포폴은 1977년 영국의 ICI에서 화학 합성으로 개발한 것으로, 빠르게 단시간 동안 작용하는 정맥 투여 전신마취제이다. 수술이나 검사 시 마취를 하기 위해서 또는 인공호흡기를 사용하는 환자를 진정시키기 위해서 사용되며, 하얀색 액체 형태로 되어 있어 '우유주사'라고 불리기도 한다(약학용어사전).

프로포폴은 식욕을 저하시켜 다이어트 효과가 있고, 원기 회복에 좋다고 알려지면서 유행처럼 번지기 시작했다. 체내 신경계를 자극하여 통증과 불안을 줄여 주고, 기분이 좋아지는 효과, 푹 자고 일어났을 때의 쾌감 등을 느끼게 해 주는 것이다. 프로포폴은 마취하는 데 걸리는 시간도, 마취 후 회복하는 데 걸리는 시간도 짧다는 장점이 있으며, 간에서 대사되어 소변으로 모두 빠져나오기 때문에 몸에 남지 않는다. 또한 부작용이 적으며, 쉽게 구할 수 있다는 장점 때문에 프로포폴에 중독되는 사람들이 많다.

그러나 프로포폴은 무호흡증을 일으킬 수 있어 위험하다. 그래서 응급상황에 대처할 수 있는 장비가 갖춰진 의료기관에서 의사에 의해 투약되어야 하며, 오남용 가능성이 높은 약물이기 때문에 적정량만 투약해야 한다. 시술이나 수술 또는 진단과 무관하게 단독으로 투약해서는 안 되며, 간단한 시술 및 진단을 위한 프로포폴 투약 횟수는 월 1회를 초과하지 않는 것이 바람직하다. 그래서 프로포폴 투약이 필요할 때는 환자의 과거 사용 이력을 확인해야 한다.

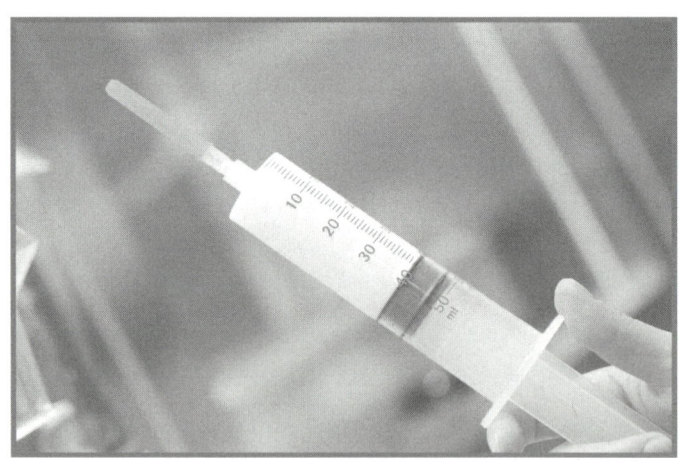

<프로포폴>

6 산 채로 지옥을 경험하게 만드는 마약, '펜타닐'

> 펜타닐은 현재 급속도로 퍼지고 있는 마약이다. 그런데 중독성이 강하고 부작용이 심각해서 그 어떤 마약보다 위험하다.

일명 '차이나 화이트'라고 불리는 펜타닐은 시중에서 가장 많이 사용되는 진통제인 타이레놀을 만든 회사의 폴 얀센(Paul Janssen)이 개발한 진통제로, 원래 선한 목적으로 만들어진 마약성 진통제였다. 그러나 윌리엄 레너드 피커드(William Leonard Pickard)는 펜타닐이 처음 나왔던 20세기 중반에 이 약이 나오면 앞으로 큰일 날 거라고 예견했다.

아니나 다를까 펜타닐의 효과는 강력했다. 펜타닐의 효과는 헤로인의 50~100배에 달하며, 치사량(LD100)은 2mg으로, 달걀을 소금에 찍어 먹을 때 소금의 양 정도라고 보면 된다. 주로 엄청난 고통을 겪는 말기 암 환자나 복합부위 통증 증후군(CRPS) 환자, 대형수술 환자용 진통제로 사용되고 있다. 펜타닐은 뇌혈관 장벽을 쉽게 통과한다는 장점이 있으며, 일반적으로 막대사탕처럼 환자가 물고 있는 형태나 패치제로 사용되고 있다. 그러나 의사가 처방한 적정량이 아닌 그 이상을 사용하면 진통제가 아니라 자살 약물로 작용할 만큼 위험하다.

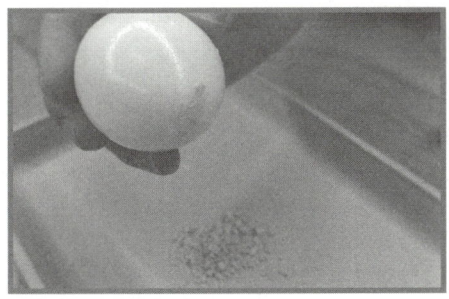

<펜타닐의 치사량 2mg>

펜타닐은 장갑을 끼고 제조해야 할 만큼 피부와 점막에서 높은 흡수력을 보인다. 이런 펜타닐이 구강 점막을 통해 흡수되면 신경의 신호 전달을 차단하여 인체의 호흡 기능을 중단시켜서 질식으로 사망에 이를 수도 있다. 하지만 호흡중추가 마비되어 일어나는 호흡곤란과는 달라서 숨을 쉬지 않아도 고통을 느끼지 않는다고 한다. 그래서 가만히 멈춰 있는 것처럼 보이기도 한다.
펜타닐은 심각한 금단 증상을 보인다. 펜타닐의 효력이 떨어지면 사지를 떤다든지, 뜨거운 물을 끼얹는 것처럼 아프다든지, 눈이 불타는 것처럼 아픈 엄청난 신체적 고통뿐만 아니라 공황장애까지 겪게 만든다. 또한 대변뿐 아니라 가스마저 배출하기 어려울 정도로 극심한 배변장애를 겪게 된다. 장의 위아래 조절근육이 모두 위축되어 장이 터질 것 같은 통증에 시달리며, 이로 인해 면역저하, 피부질병, 혈독소 증가 등의 문제가 생긴다. 이런 여러 가지 신체적 고통과 정신적 고통을 함께 호소하기 때문에 금단 증상을 없애기 위해 펜타닐을 계속 사용할 수밖에 없다고 한다.
그런데 이러한 펜타닐이 전 세계적으로 급속하게 퍼지고 있다. 불법적으로 유통되고 있는 펜타닐은 함량이 일정하지 않고, 다른 마약(헤로인이나 코카인)이 첨가된 형태로도 유통되고 있어 그 위험성이 더욱더 커진 상황이다. 현재 미국에서는 펜타닐 중독으로 인해 거리에서 구부정하게 서 있는 사람들을 지칭하는 '펜타닐 좀비'라는 말이 생겨났으며, 필라델피아 켄싱턴은 펜타닐 중독자들과 마약상으로 인해 '펜타닐 좀비 거리'라고 불리기도 한다.

<펜타닐 좀비 거리>[3)]

얼마 전 미국의 유명 래퍼가 펜타닐 과다 복용으로 사망했다는 소식이 전해졌는데, 미국 청장년층의 사망 원인 1위가 펜타닐 중독일 만큼 심각한 상황이다.

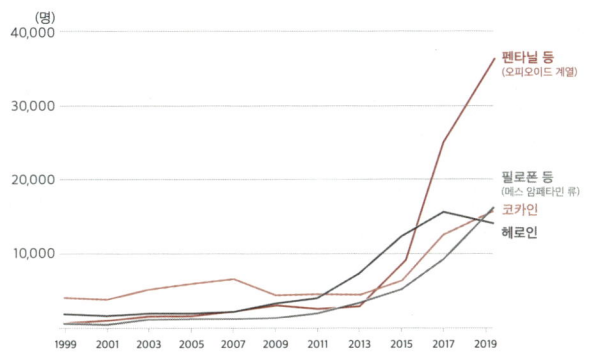

<미국 내 약물 계통별 남용으로 인한 사망자-미국질병관리본부, 시사 직격>

펜타닐 중독 사례

힙합 경연 프로그램 출신의 한 래퍼가 펜타닐 중독에 대해 고백했다. 그는 아는 지인을 통해 펜타닐을 알게 되면서 시작했다고 한다. 그러나 펜타닐로 인해 그는 체온 조절이 되지 않아 꿈만 꾸면 악몽에 시달렸으며, 온몸의 뼈가 부서지는 것 같은 고통, 몸에 끓는 기름을 붓는 듯한 고통, 겨울바람을 맞는데 전기톱으로 온몸이 뜯겨 나가는 듯한 고통을 느꼈다고 한다. 또한 정확한 발음이 중요한 래퍼임에도 불구하고 펜타닐로 인해 어눌한 말투가 되었으며, 매일 구토를 해서 위산 때문에 치아가 녹아 현재 치아 4개가 없는 상황이라고 고백했다. 결국 그는 마약 투약 혐의로 징역형을 선고받았다.

그는 "마약에 손을 대는 순간 삶의 주인은 자신이 아니라 악마가 된다. 호기심을 갖고 있는 분이라면 안 그랬으면 좋겠다. …… 이미 중독된 분들의 기분도 누구보다 잘 안다. 되돌릴 수 있다. 살아 있고 의지만 있으면 끊을 수 있다."라고 말했다.

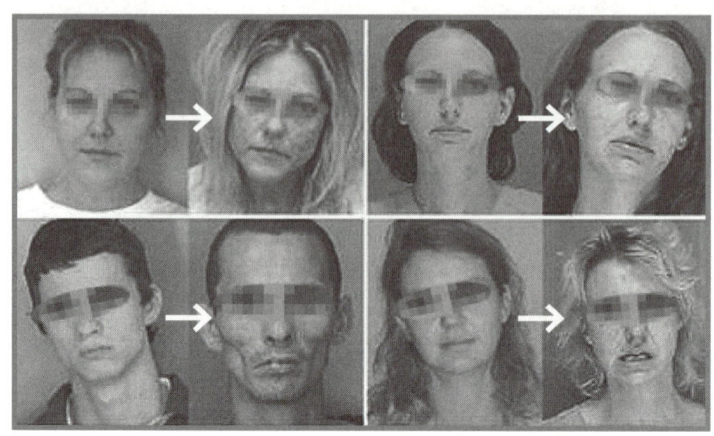

<펜타닐 및 기타 마약 중독자의 전후 사진>

펜타닐은 금단 증상의 끝판 마약이라고 불리는 심각한 마약이에요. 단 한 번의 경험만으로도 중독될 수 있어요.

❼ 단 한 번의 투약으로도 사망할 수 있는 마취제, '자일라진'

자일라진(xylazine)은 말이나 소 등의 동물 등을 마취하거나 동물의 진정, 근이완, 진통 목적으로 사용되기도 하는 마취제의 일종이다. 그런데 최근 이 자일라진을 펜타닐과 혼합해서 사용하는 일이 발생하면서 단 한 번의 투약으로도 살이 썩는 등의 부작용을 겪거나 사망하는 일이 일어나고 있다.

미국 필라델피아 켄싱턴의 거리는 강력한 마약성 진통제인 펜타닐의 오남용 때문에 사회적 문제가 되고 있다. 그런데 펜타닐과의 전쟁을 치르는 와중에

동물용 진정제인 자일라진('트랭크'라고도 불림)이 가세하여 끔찍한 일이 벌어지고 있다.

정부의 강력한 단속으로 순도 높은 펜타닐을 구하기 힘들어지자, 처방전만 있으면 구매할 수 있는 자일라진에 펜타닐을 섞어 순도 높은 펜타닐인 것처럼 위장 판매하는 일이 일어나고 있는 것이다. 대부분의 구매자들은 자신이 구입한 펜타닐에 자일라진이 포함되어 있는지도 모르고 복용한다고 한다.[4] 그런데 이것은 너무나 위험하다. 미국 언론은 자일라진의 부작용을 생각할 때 이는 살해 시도에 가깝다고 강력히 지적했다. 펜타닐과 자일라진이 섞이면 강력한 금단 증상은 물론, 몸이 썩어 들어가는 부작용까지 나타나기 때문이다. 자일라진을 여러 번 투약하면 실제로 몸 곳곳에 짙은 빛깔의 딱지나 변두리가 붉은 흰색 물집이 올라오다가 몇 시간 내로 괴사하며 살이 녹아내리는 끔찍한 일이 벌어지게 된다. 그래서 주삿바늘을 꽂던 부위의 피부가 녹아 힘줄과 뼈가 훤히 드러난 채 센터를 찾는 이들이 늘어나고 있다.

미국의 ABC방송은 일부 마약 유통업자들이 펜타닐 중독 해독을 막음으로써 단골고객을 확보하기 위해 자일라진을 의도적으로 섞는다고 보도했다.[5] 정밀 조사를 받지 않는 이상, 병원을 찾은 중독자들은 치료에 차도가 없어 초조해하다가 결국 죽음을 맞이하고 있다.

문제는 이러한 자일라진 확산세가 무섭다는 점이다. 미국 상무부 산하 국립표준기술연구소는 2022년 필라델피아 거리에서 수집된 약물 샘플의 90% 이상에서 자일라진이 검출됐다는 조사 결과를 발표했다. 같은 해 10월보다 무려 60%나 늘어난 수치이다. 미국에서는 2023년 2월 하루 평균 196명이 펜타닐 과다복용으로 사망하고 있다. 특히 팬데믹 이후 중독자가 늘어 2021년 사망자 수는 2019년 대비 94%나 증가한 위험한 상황이다.

8 마약 입문 코스라 불리는 악마의 마약 '대마초'를 합법화한 네덜란드

> 1976년 일부 마약을 합법화한 네덜란드는 유럽 마약산업의 중심지로 변하고 있으며, 대낮에 거리에서 마약 때문에 살해사건이 일어나는 등 각종 범죄가 범람하는 위험한 나라가 되고 말았다.

얼마전 경향신문에서 네덜란드가 대마초 합법화, 즉 관대한 마약정책 때문에 각종 범죄와 마약이 범람하는 위험한 나라가 되었다는 충격적인 기사를 보도했다.[6]

2021년 7월 6일, 네덜란드 암스테르담의 식당과 카페가 즐비한 번화가에서 대낮에 다섯 발의 총성이 울렸다. 범죄 전문 탐사기자인 페테르 R. 더프리스가 마약 관련 범죄 고발 TV프로그램 촬영을 마치고 돌아오는 길에 머리에 총을 맞고 중태에 빠졌다가 결국 숨진 사건이 일어난 것이다.

네덜란드에서 현재 마약조직을 수사하는 경찰 수사관들은 가명으로 활동해야 할 만큼 위험하다. 마약 범죄를 취재하는 언론인들과 마약 관련 사건을 담당하는 검사, 판사들도 경찰의 신변 보호를 받아야 할 정도라고 한다. 마약 문제를 취재해 내보낸 언론사 건물로 차량이 돌진하는 등 언론인들을 상대로 한 끔찍하고 무자비한 테러가 잇따르고 있으며, 마약조직 간 이권 다툼으로 도시 한복판에서 대놓고 총격전이 벌어지거나 주택가에서 잘려진 목이 나뒹구는 일까지 일어났다. 2013년부터 2019년까지 무려 189명이 마약 관련 범죄로 살해되는 등 대마초가 합법화된 이후 심각한 부작용이 발생하고 있다.

네덜란드는 1976년 마약을 일부 합법화했다. 마약 중독자가 급증해 사회적으로 문제가 되자, 비교적 중독성이 약한 대마초를 합법화하는 대신 마약의 가격을 낮추고 세금을 거두기로 한 것이다. 이는 마약의 가격을 대폭 낮춤으로써 음지에 숨어 있던 마약조직들의 수익률을 낮추고 마약 중독자들이 헤로인, 코카인, 모르핀 등 더 위험한 약물에 손대는 것을 막아 보겠다는 취지였다.

<대마가 함유된 음료를 판매하는 네덜란드의 커피숍>

대마초 합법화 시행 이후 몇 년간은 중독성이 강한 마약 중독자들이 줄어들었고, 대마초에 만족하며 지내는 것처럼 보이기도 했다. 그러나 결국 세계의 마약조직들이 네덜란드로 모여들면서 네덜란드 마약 시장이 커지게 되었고, 중독성 약한 마약을 하던 고객들은 거기서 멈추지 않고 더 강한 마약을 찾게 되었다. 타국에서 생산된 마약을 네덜란드를 거쳐 유럽에 유통시키는 것에 주력하던 마약조직은 2010년대부터는 직접 코카인, 암페타민 등 중독성 강한 마약을 생산하기 시작하며 이권 다툼을 벌였고, 2012년에는 마약조직 간 살해사건이 벌어질 정도로 심각해졌다. 기본적으로 대마초가 합법화되었기 때문에 벌어지는 일이었다.

이렇게 위험한 대마초를 네덜란드는 왜 합법화한 걸까? 여러 가지 이유가 있지만 가장 대표적인 이유는 대마초가 마약류 중에서 비교적 중독성이나 금단 증상, 부작용이 덜하다고 판단하여 대마초를 허용하면 코카인이나 헤로인 같은 더 심각한 마약을 손대지 않게 될 거라고 착각했기 때문이다.

마약범죄를 연구해 온 레이덴 대학의 피터 톰슨 박사는 "마약의 유통이 허용되면 마약 유통만 하던 사람들이 마약 제조에도 손을 대게 된다."라고 말했다. 마약의 생산과 유통의 경로가 넓어지고 카르텔이 확장된다는 것이다. 마스트리히트 대학의 범죄학과 로빈 호프만 교수는 "마약전쟁은 관대한 마약정책의 결과"라며 한탄했다. 독일의 주요 언론인 슈피겔은 "관대한 마약정책이 어떻게 네덜란드를 마피아 천국으로 이끌었는가"라는 글을 통해 마약 합법화가 네덜란드를 유럽 마약산업의 중심이자 '나르코 국가'(마약에 찌든 국가)로 만들었다고 진단했다.

금단 증상의 끝판이라 불리는 펜타닐 뉴스를 접하다 보면, 대마초는 심각하지 않은 마약류인 것처럼 가볍게 여기게 된다. 그러나 마약의 입문 코스라고 불리는 대마초에 현혹된다면 결국 몸과 마음을 송두리째 망치는 마약의 헬게이트가 열리고 만다. 그러므로 네덜란드와 같이 마약을 부분적으로 합법화한 나라를 타산지석으로 삼아 마음과 몸을 망치는 마약은 그 어떤 종류도 합법화하지 않도록 잘 지켜 나가야겠다.

대마초를 합법화한 네덜란드는 대마초뿐 아니라 더 심각한 마약들도 덩달아 유입되기 시작해 현재 극심한 마약범죄의 나라가 되어 가고 있어요.

❾ 마약떡볶이, 마약김밥 등 '마약'이라는 단어를 붙여도 될까?

> 아무렇지 않게 사용하는 이 '마약'이라는 말 때문에 우리는 마약을 쉽게 생각하는 경향이 있다. 하지만 마약의 위험성에 대해 안다면 절대 가볍게 사용할 수 없을 것이다.

우리는 흔히 마약떡볶이, 마약김밥, 마약베개 등 중독성이 있거나 거부할 수 없는 유혹, 정말 좋고 환상적이라는 뜻으로 말할 때 앞에 '마약'이라는 단어를 붙이곤 한다. 즉, 한 번 맞닥뜨리고 나면 절대로 떼어낼 수 없는 것들을 통칭할 때 종종 사용되는 것이다. 실제로 통증을 느낄 때 마약류를 접하게 되면, 통증이 경감되거나 기운이 넘치는 것 같은 효과를 잠시 느낄 수 있다. 그런데 아무렇지 않게 사용하는 이 '마약'이라는 말 때문에 우리는 마약을 쉽게 생각하게 될 뿐만 아니라 희화화시키고 있다. 그러나 마약이 얼마나 무서운지 안다면, 이렇게 희화화시켜서 사용할 수 없을 것이다. 그러므로 우리는 '마약'이라는 말을 아무데나 붙여서 가볍게 사용해서는 안 된다.

> 마약 김밥, 마약 떡볶이 등 일상 속에서 마약이라는 단어를 너무 쉽게 쓰는 문화가 마약에 대한 경각심을 느슨하게 한다는 정부의 지적에 우리 모두 귀를 기울여야겠죠?

⑩ 마약 예방 교육 시 주의해야 할 표현

마약을 통해 영감을 얻는다?	"마약을 하면 평소에는 떠오르지 않는 영감을 얻기도 한대. 그래서 예술가들이 마약에 잘 빠지는 거래."
마약을 통해 육체적 수행능력이 좋아진다?	"마약을 하면 순간적으로 평소에 발휘하지 못한 초월적인 퍼포먼스 능력이 생겨서 래퍼들이나 가수들이 마약에 많이 빠지는 거래."
마약을 하면 우울증이 호전된다?	"마약을 하면 우울하고 괴롭던 생각들이 싹 사라진대. 그래서 우울하고 괴로운 사람들이 마약에 잘 빠지는 거래."
마약을 하면 성관계가 더 즐거워진다?	"마약을 하면 평소와 달리 매우 만족스러운 성관계를 하게 된대. 그래서 성관계를 즐기려고 마약에 빠지는 거래."
마약을 하면 통증을 없애기 쉽다?	"마약은 원래 통증을 진정시키는 효과가 커. 그러니 통증으로 시달리지 말고 마약성 진통제로 깔끔하게 통증을 제거하는 게 나아."
어차피 마약이 합법인 나라도 있다?	"대마초가 합법인 나라도 있어. 굳이 마약을 경험해 보고 싶다면 대마초가 합법인 나라에서 경험해 봐."

마약은 절대로 안 돼요
(마약 예방송)

작곡/작사 김지연

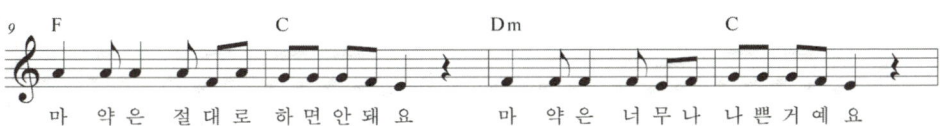

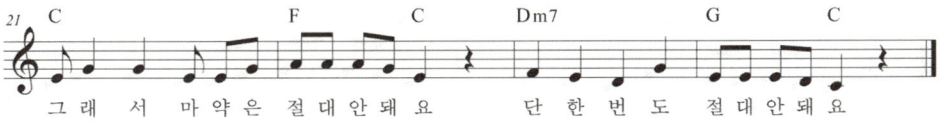

© 2023 Laner. All rights RESERVED.

3장.
카페인 중독

1 우리의 삶 깊숙이 침투해 버린 카페인

> 카페인은 커피콩, 찻잎, 코코아콩, 콜라나무 열매, 과라나 등 60여 종의 식물에 자연적으로 들어 있는 성분으로, 일반적으로 안전한 물질(GRAS)로 분류된다.[1]

식품첨가물로서의 카페인은 현행 '식품첨가물공전'에서 식품첨가물로 분류되고 있으며, '이 품목은 꼭두서니과 커피의 종자 또는 동백나무과 차의 잎을 물 또는 이산화탄소로 추출한 다음 분리, 정제하여 얻어지는 성분'으로 정의된다. 성상은 백색 결정성 분말이며, 냄새는 없고 맛은 약간 쓰다.[2] 식물 속 카페인은 해충을 마비시켜 죽이는 살충제 역할을 하기도 한다.[3] 커피, 홍차, 녹차, 마테차, 초콜릿 등에는 카페인이 자연적으로 들어 있다. 카페인을 인위적으로 첨가하는 제품은 콜라, 에너지 음료 등이 있다. 식품 외에 감기약, 복합 진통제, 아스피린이나 이부프로펜 등과 같은 일부 소염진통제에도 카페인이 들어 있다.[4]

❷ 일반 음료와 달리 섭취량에 제한이 있는 카페인

> 카페인은 세계적으로 가장 널리 사용되는 정신 활성 물질로, 매일 전 세계 인구의 80%가 소비하고 있다. 우리나라 식품의약품안전처에서는 카페인 1일 섭취 기준량을 정해 다량의 카페인을 섭취하지 않도록 권고하고 있다.

미국과 캐나다에서는 개인당 매일 카페인 210~238mg을 섭취하고, 스웨덴이나 핀란드 등에서는 이보다 많은 400mg 이상을 섭취하는 것으로 조사되었다.[5]

미국의 경우 90%가 카페인을 커피, 차 혹은 다른 방법으로 매일 섭취하고 있고, 성인 중 절반 이상이 하루에 300mg 이상의 카페인을 이용하고 있으며, 성인의 20~30%는 600mg 이상의 카페인을 섭취하고 있다.[6]

"2013년 식품유통연감"에 나온 통계에 따르면, 2012년 기준 한국인이 마시는 커피의 양은 연간 233억 잔으로, 국민 1인당 약 467잔을 마시는 것으로 나타났다.[7] 국제커피기구(International Coffee Organization, ICO)에 따르면 2020년 한국의 커피 수입량은 18만 6,428톤, 8억 5,061만 달러(한화 약 9,417억 원)에 달했다. 이는 세계 7위 수준이다. 국내 커피 산업 시장은 2018년 기준 6.8조 원으로 2016년 대비 18.6%, 2017년 대비 9.4%나 증가했으며, 앞으로도 커피 산업 규모는 갈수록 증가할 것으로 보인다.[8] 카페인이 많이 함유된 에너지 음료는 카페인과 비타민제를 혼합하여 제조한 음료로, 에너지 음료의 세계 시장 규모 역시 최근 10년 새 약 3배가량 증가한 것으로 보고되었다. 한국소비자원이 발표한 보고서에 따르면, 국내 시장 규모 역시 2011년 약 300억 원에서 2012년 약 1,000억 원으로, 1년 사이 급격히 성장했다.[9]

우리나라 식품의약품안전처에서는 카페인 1일 섭취 기준량이 성인은 400mg, 임산부는 300mg, 19세 이하의 어린이 및 청소년은 몸무게 1kg당 카페인

2.5mg을 넘지 않아야 한다는 권고안을 제시했다.[10]

성인	하루 400mg 이하
임산부	하루 300mg 이하
어린이	체중 kg당 2.5mg 이하

연령	표준체중	1일 섭취기준
만 3-5세	16.3kg	41mg 이하
남 6-8세	23.8	60mg 이하
남 9-11세	34.5	86mg 이하
남 12-14세	49.6	124mg 이하
남 15-19세	63.8	160mg 이하
여 6-8세	22.9	57mg 이하
여 9-11세	32.6	82mg 이하
여 12-14세	46.5	116mg 이하
여 15-19세	53.0	133mg 이하

<카페인의 1일 최대 권고 섭취량 - 출처 : 한국영양학회>

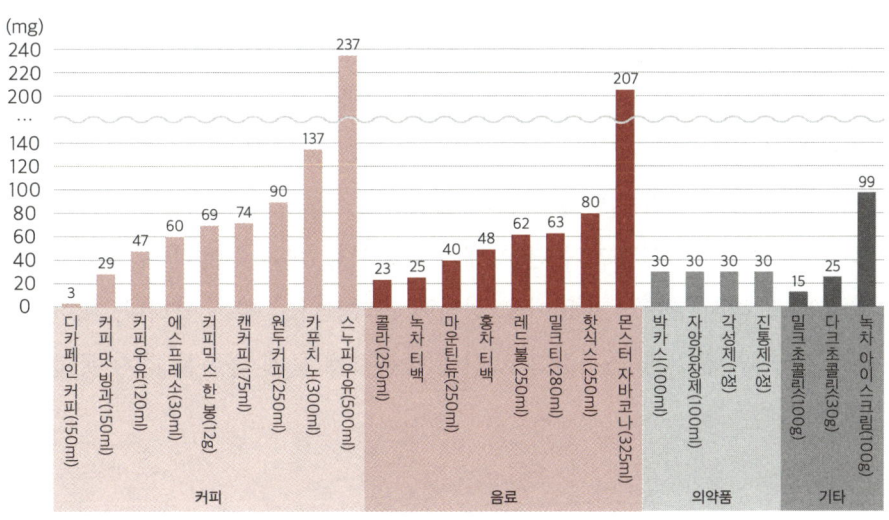

<식품별 카페인 함량 - 출처 : 식약처>

③ 공부에 도움을 받으려고 섭취한 카페인, 오히려 공부를 방해하기도

> 카페인에는 각성효과가 있다. 그래서 어떤 사람들은 카페인 섭취가 성적을 올리는 데 도움이 된다고 말하기도 한다. 그러나 무조건 카페인을 섭취한다고 해서 지금까지 풀 수 없었던 문제를 갑자기 풀 수 있다거나 공부를 하지 않아도 시험에서 좋은 점수를 얻을 수 있다는 것은 아니다.

카페인에는 각성 효과가 있다. 신경생태학자의 조사 결과, 꿀벌은 카페인이 없는 꽃보다 카페인이 있는 꽃을 3배나 잘 기억했다. 이런 조사 결과를 통해 카페인이 학습 능력을 끌어올리는 데 도움이 된다는 것을 알 수 있다.

카페인과 성적의 관련성을 연구한 실험이 있다. 연구대상인 학생에게 한 줄의 숫자를 더하는 계산만 하는 산수 게임지를 주고, 15분간 가능한 많은 문제를 풀게 했다. 그 후 5분의 휴식을 주고 학생 절반에게는 보통 커피를, 나머지 절반에게는 카페인이 없는 커피를 준 후 똑같은 문제를 풀게 했다.

두 그룹의 휴식 후 성적을 비교해 보니, 카페인을 섭취한 학생들이 푼 문제 수 및 정답률이 높은 수치를 보였다. 단순 계산을 계속하면 두뇌가 점점 피곤해져 속도가 줄고 계산 오류도 증가하지만, 카페인의 중추흥분작용이 뇌의 피로를 경감시켜 정답률이 올라간 것이다.

그러나 이것은 어디까지나 단순 계산을 반복할 때의 이야기다. 카페인을 섭취한다고 해서 공부하지 않아도 성적이 올라간다는 것은 아니다. 또한 너무 많이 마시면 불안과 초조감으로 인해 차분하게 문제 풀이를 하지 못할 수도 있다.[11]

❹ 간과할 수 없는 카페인의 부작용

국제질병분류(ICD-10)에는 'F15 카페인을 포함하는 기타 흥분제 사용에 의한 정신 및 행동 장애'라는 항목으로 정신질환을 일으키는 물질 가운데 카페인이 언급되어 있다. 즉, 지나친 카페인 섭취는 이상 증세로 나타날 수 있다는 것이다.

개인마다 차이가 있긴 하지만 보통 하루에 1,000mg 이상의 카페인을 섭취하면 우울증, 두통, 혈압 상승, 심박수 증가, 심장마비, 골다공증, 부정맥, 역류성 식도염, 위염, 십이지장 궤양, 방광염, 과민성 대장증후군, 뼈 건강 악화 등의 이상 증세가 나타날 수 있다.[12]

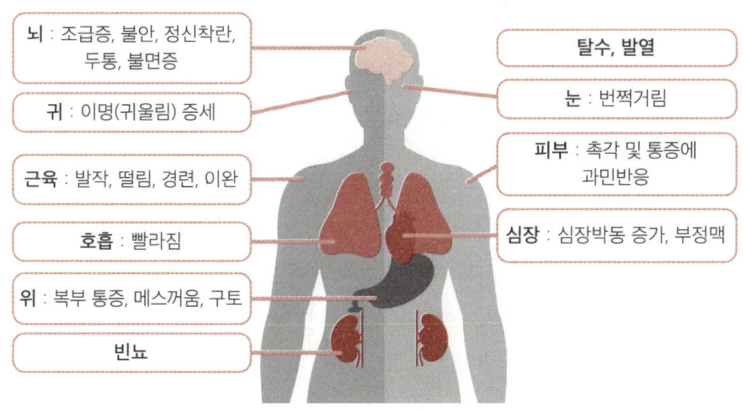

<카페인 과다 복용에 따른 질환 증세>

탄베 유키히로는 "카페인 중독은 대부분 아무런 조치를 하지 않더라도 그날 안에 회복되고 눈에 띄는 후유증도 없다. 다만 매우 많은 양을 섭취했을 때 구명 조치가 필요할 수 있으며, 이런 사고의 대부분은 카페인 정제를 대량 복용해서 생긴 일이다."라고 주장했다.[13]

그러나 2017년, 미국에서 한 고등학생이 카페인 음료를 많이 마셔 부정맥으로 숨지는 일이 발생했다. 데이비스 앨런 크라이프(16세)가 스프링 힐 고등학교 교실에서 수업 도중 갑자기 쓰러진 것이다. 그는 급성 부정맥이 유발돼 심장기능 이상으로 사망했다. 그런데 크라이프는 숨지기 전 약 두 시간 동안 커피, 탄산음료, 에너지 음료 등 카페인 음료 세 잔을 마신 것으로 나타났다. 부검 결과 그는 평소 심장질환이 없는 건강한 상태였으며, 체내에서 약물이나 알코올도 발견되지 않았다고 한다.[14]

미국에서는 평소 고카페인 에너지 음료를 즐겨 마시던 10대 소녀 등 5명이 갑작스럽게 숨지는 사건이 발생하기도 했다. 이에 식품의약국(Food and Drug Administration, FDA)은 고카페인 음료가 사망 원인으로 작용했는지 조사에 들어갔고, 의회에서는 고카페인 음료 판매를 규제해야 한다는 목소리가 나왔다.[15]

미국 정신의학회(American Psychiatric Association, APA)의 DSM-5에서는 카페인 관련 장애에 대해 네 가지를 제시하고 있다.

카페인 중독(Caffeine Intoxication)

(참고. DSM-5 규정 10가지 물질 : 알코올, 카페인, 대마, 환각제<펜시클리딘 별도>, 흡입제, 아편계, 진정제, 수면제 또는 항불안제, 자극제<암페타민류, 코카인, 기타>, 담배)

A. 최근의 카페인 섭취(보통 250mg 이상을 초과하는 고용량)

B. 카페인을 사용하는 동안 또는 그 직후에 다음의 징후/증상 중 5가지 혹은 그 이상이 나타난다.

  1. 안절부절
  2. 신경과민
  3. 흥분
  4. 불면
  5. 안면홍조
  6. 이뇨

7. 위장관 장애

8. 근육연축

9. 사고와 언어의 두서없는 흐름

10. 빈맥 혹은 부정맥

11. 지칠 줄 모르는 기간

12. 정신운동 초조

C. 진단 기준 B의 징후/증상이 사회적, 직업적 또는 다른 중요한 기능 영역에서 임상적으로 현저한 고통이나 손상을 초래한다.

D. 징후/증상은 다른 의학적 상태로 인한 것이 아니며, 다른 물질 중독을 포함한 다른 정신질환으로 더 잘 설명되지 않는다.

카페인 금단(Caffeine Withdrawal)

A. 지속적으로 매일 카페인을 사용

B. 카페인 사용을 갑자기 끊거나 줄인 뒤 24시간 이내에 다음의 징후나 증상 중 3가지, 혹은 그 이상이 나타난다.

1. 두통
2. 현저한 피로나 졸음
3. 불쾌 기분, 우울 기분, 과민성
4. 집중력 저하
5. 독감 유사 증상(오심, 구토 혹은 근육의 통증이나 뻣뻣함)

C. 진단 기준 B의 징후 및 증상이 사회적, 직업적, 또는 다른 중요한 기능 영역에서 임상적으로 현저한 고통이나 손상을 초래한다.

D. 징후 및 증상은 다른 의학적 상태(편두통, 바이러스 감염성질환)의 생리적 효과로 인한 것이 아니고, 다른 물질 중독 및 금단을 포함한 다른 정신질환으로 더 잘 설명되지 않는다.

기타 카페인으로 유발된 장애(Other Caffeine-Induced Disorders)

· 카페인으로 유발된 불안장애
· 카페인으로 유발된 수면장애

> **명시되지 않는 카페인 관련 장애(Unspecified Caffeine-Related Disorder)**
> 이 범주는 사회적, 직업적, 또는 다른 중요한 기능 영역에서 임상적으로 현저한 고통이나 손상을 일으키는 카페인 관련 장애의 특징적인 증상들이 두드러지지만, 어떤 특정 카페인 관련 장애 또는 물질 관련 및 중독 장애의 진단 부류에 혹한 장애 중 어느 것에도 완전한 기준을 만족하지 않는 발현 징후들에 적용된다.

또한 학업의 부담과 불충분한 수면 문제를 호소하는 대학생의 경우 상당수가 카페인 음료를 알코올과 혼용하여 마시고 있으며,[16] 이러한 고카페인 음료의 섭취 빈도는 약물복용, 성적 위험 행동, 안전띠 미착용, 싸움 등 문제 행동과 관련성이 높은 것으로 보고되고 있다.

> 카페인 중독은 불면증, 우울증, 자살 충동, 두통, 심장마비, 빈뇨, 골다공증 등 수많은 부작용을 초래해요.

⑤ 카페인과 불면증

> 카페인과 불안의 관련성에 대한 연구에서 카페인을 많이 섭취하면 불안이 증가한다는 연구 결과가 나타났다. 또한 카페인은 정상적인 수면을 방해할 수 있다.

고용량의 카페인 섭취 시 정상인에게도 공황발작이 생길 수 있다. 그러나 카페인 유발 불안 증상은 정상인에 비해 공황 장애, 불안 장애 등의 환자에게서 더 심각하게 나타나며, 카페인 섭취가 기존의 불안 증상을 악화시킨다는 것이 관찰되었다.[17] 또한 많은 연구에서 카페인이 불면을 야기한다고 보고

되었다. 수면에 대한 카페인의 영향은 용량에 비례하며, 고용량인 경우 수면의 질을 측정하는 여러 영역에서 더 많은 문제를 일으켰다. 카페인은 입면(入眠)을 지연시키고, 전체 수면 시간을 감소시키며, 정상적인 수면의 단계에 변화를 주고, 수면의 질을 떨어뜨렸다.[18]

6 카페인으로 다이어트하려다 체중 증가되기 일쑤

> 카페인이 다이어트에 도움이 된다는 이야기들이 있지만, 대다수의 전문가들은 효과를 보기 어렵다고 말한다.

카페인을 섭취하면 초기에는 체중 감량에 어느 정도 효과가 있는 것처럼 보이다가 섭취량이 많아지면 오히려 살이 찌기도 한다. 카페인이 콩팥의 기능을 떨어뜨려 수분저류현상이 일어나기 때문이다. 수분저류현상으로 인해 부은 살들은 체중 증가로 이어지게 된다.

카페인이 살 빼는 약 성분과 함께 사용되면 체중 감량 효과가 촉진된다는 점을 이용해 아예 카페인이 함유되어 있다는 점을 강조한 상품까지 팔리고 있다. 카페인 성분이 들어 있다는 비누, 샴푸, 건강 기능 식품, 스타킹 등이 대표적인데, 대부분 외국 제품이다. 수입·판매업자들은 카페인 비누에 카페인 200㎎이 함유되어 있으며, 피부 속으로 스며들어 각성 효과를 낼 뿐 아니라 피부암에 걸릴 위험까지 줄여 준다고 말한다. 2010년 월드컵 야간 경기 때는 각성 효과로 인해 잠을 자지 않고 경기를 볼 수 있다는 광고까지 나오기도 했다. 카페인 샴푸는 모근에 영향을 주어 머리카락이 잘 빠지지 않고, 카페인 스타킹은 하루 7시간씩 28일만 입으면 지방이 분해되어 허벅지 둘레가 2~3cm 줄어든다고 한다. 하지만 이에 대해 대다수 전문가는 피부로 흡수되는 카페인은 미량이므로 효과를 볼 수 없다고 단정했다.[19]

❼ 마약류 중독으로 이어질 수도 있는 카페인 중독

> 카페인 중독은 니코틴 중독, 마약 중독 등 다른 중독으로 이어질 수 있다.

카페인 중독자 가운데 니코틴 중독자가 많다는 연구 결과가 있다.[20] 이 외에도 카페인과 니코틴의 관계에 관한 연구가 여럿 있는데, 결론적으로 말하면 카페인이 신경생물학적으로 니코틴 욕구를 증가시킨다고 한다. 즉, 카페인 음료를 마시면 흡연 욕구가 커져 금연이 더 힘들어지는 것이다. 이에 미국 소비자연구위원회에서 미국 최고의 정신과 의사로 선정된 티모시 R. 제닝스(Timothy R. Jennings) 박사는 그의 저서에서 "금연은 카페인을 완전히 끊은 후에 계획하는 게 좋다."며 "금연한 지 3개월 후에는 카페인 음료를 하루

에 한두 잔씩 조심스레 다시 마셔도 된다."고 조언했다. [21]

에너지 드링크에 중독된 대학생들이 마약 중독으로 이어지는 비율이 높다는 연구 결과도 있다. [22] 또한 일반인에 비해서 정신과 환자, 알코올 의존자, 흡연자, 식이 장애 환자 그리고 수감자는 보다 많은 양의 카페인을 섭취한다는 보고도 있다. [23]

8 카페인의 금단 증상

> 카페인도 금단 증상이 있다. 가장 흔한 카페인 금단 증상은 두통이다. 그 밖에 일반적으로 피로, 졸림, 집중력 저하, 직업 동기 저하, 과민성, 우울, 불안, 감기 유사 증상 등이 나타난다. [24]

커피나 카페인을 상용하는 사람 중에는 카페인을 마지막으로 섭취한 후 반나절에서 이틀이 지나면 두통, 집중력 저하, 피로감, 졸음 등의 증상이 나타나는 경우가 있다. 이것은 '카페인 이탈'이라고 하는 퇴약 증상인데, 심한 두통이 나타난다는 이유로 '카페인 이탈 두통'이라고도 한다. [25]

카페인 금단 증상은 대체로 카페인 섭취를 갑자기 중단한 경우 약 12~24시간 안에 발생하며, 20~48시간에 정점에 이른다고 알려져 있다. 그러나 어떤 사람에게는 금단 증상이 3~6시간 만에 나타나거나 일주일 동안 지속되기도 한다. 금단 증상은 단기간 매일 카페인을 섭취한 사람에게도 일어날 수 있으며, 소량의 카페인만 섭취해도 금방 금단 증상이 사라지게 된다. [26]

9 카페인도 중독 물질

> 카페인이 중독 물질이 아니라고 보는 견해도 있지만, 카페인은 DSM-IV 물질 의존 장애를 기준으로 볼 때 엄연히 중독 물질에 해당된다.

DSM-5에는 '카페인 의존' 진단 기준이 따로 없다. 그러나 DSM-IV 기준에 비추어 과거 Strain 등의 연구[27]에서는 99명의 대상 중 16명이 DSM-IV 물질 의존 장애를 기준으로 심리적 또는 신체적으로 카페인 의존에 해당된다고 보고했다. 그 내용으로는 DSM-IV 물질 의존 장애 일곱 개의 진단 기준 중 '금단'(94%), '카페인 사용으로 인하여 신체적 또는 심리적 문제가 지속되거나 반복됨에도 불구하고 지속적으로 사용함'(94%), '지속적인 갈망 또는 줄이거나 조절하고자 하는 노력의 실패'(81%), 그리고 '내성'(75%) 등 네 개의 기준이 카페인 의존으로 적용하기에 가장 적절하다고 보고 있다.

카페인 의존에 해당되는 사람들의 일일 카페인 섭취량 중앙값은 357mg, 범위는 129~2,548mg이었다. 가장 흔하게 사용되는 카페인 원천은 커피와 청량음료였으며, 흥미롭게도 동반되는 다른 정신과적 질환은 많지 않았으나 57%가 알코올 사용 장애 진단을 받은 과거력이 있었다.[28]

10 어른보다 어린이에게 더 유해한 카페인 중독

> 어린이의 경우 생체 내에서 화학 물질의 흡수, 분포, 대사 및 배설에 미치는 대사 체계가 어른과 다르기 때문에 위해 물질의 독성에 더 민감하다. 카페인에 대해서도 어린이들은 성인에 비해 해독 능력이 떨어지고, 체구가 작아서 적은 양에도 카페인 중독에 빠질 수 있다.

어른에 비해 체격이 작은 어린이는 카페인에 민감하여 적은 양에도 신경장애 및 심장장애를 유발할 수 있다. 과량의 카페인은 불안, 메스꺼움, 구토 등을 일으킬 수 있고, 숙면을 방해할 수 있으며, 심각한 두통 및 우울증 등의 금단 증상도 일으킬 수 있다고 보고된 바 있다.[29]

그러나 어린이들은 학교 매점, 편의점 등에서 쉽게 카페인을 접할 수 있다. 콜라(13-25㎎), 코코아(6-7㎎), 커피 맛 우유(45-47㎎), 커피 맛 요구르트(36㎎), 초콜릿(16-34㎎), 커피 맛 껌(32㎎), 케이크(36㎎), 스포츠 음료 등에도 카페인이 들어 있기 때문이다. 한 조사 결과에 따르면 어린이들은 보통 8세부터 카페인을 섭취하며, 십 대 청소년의 약 7%가 하루 섭취 기준보다 많은 카페인을 섭취한다고 한다. 몸무게가 30㎏인 여자아이가 하루 235㎎의 카페인을 섭취해 하루 섭취 기준 75㎎보다 160㎎을 더 섭취한 사례도 있었다.[30]

2011년 식약청 조사 결과 서울, 경기 지역 초등학생 중 23.4%가 하루 허용량을 넘겼고, 그 가운데 2.3%는 허용량을 두 배 이상 초과했다. 콜라나 초콜릿 등 카페인이 들어 있는 음식을 많이 섭취하기 때문이다.[31] 또한 23.6%가 카페인 부작용을 경험한 것으로 나타났다. 커피나 초콜릿이 함유된 식품을 먹고 난 후 불면 증상을 겪었다는 응답이 8.9%로 가장 많았고, 다음으로 속이 메스껍거나 머리가 아픈 증상이 있는 것으로 나타났다. 또한 어린이들의 1일 카페인 섭취량이 카페인 섭취 기준(2.5㎎/㎏ bw)보다 높은 경우는 남녀 각각 8.96%, 7.59%이었다.[32]

⑪ 평생 악영향을 줄 수 있는 청소년기의 카페인 중독

> 청소년의 1일 카페인 섭취 허용량은 125mg으로 규정되어 있는데, 이는 고카페인 에너지 음료(대개 60-200mg 함유) 한두 캔에 해당하는 양이다. 청소년들은 공부할 때나 특히 시험 기간이 되면 허용 기준 이상 에너지 음료를 복용하는 게 현실이다. 입시를 앞둔 수험생들은 하루하루가 시간과의 싸움이기에 이런 유혹을 떨치기 어렵다. 그러나 이렇게 카페인을 과다 섭취하면 심혈관계 기능에 이상이 생길 수 있다.

청소년기의 카페인 섭취는 혈압을 상승시키고 고혈압 위험을 증가시킨다는 보고가 있다.[33] 실제로 심장질환이 있는 청소년이 고카페인 음료를 과다복용했다가 사망한 사례도 있다. 다량의 카페인은 칼슘의 흡수를 방해해 원활한 뼈 생성을 억제함으로써 청소년들의 성장을 저해한다.[34] 아울러 불안, 탐닉, 흥분, 불면 또는 중독 등 비정상적인 신체 행동의 원인이 되어 신체적, 정신적 건강에 악영향을 줄 수 있다는 보고도 있다.[35]

한국소비자원의 한 연구에 따르면, 중·고등학생의 60.6%가 고카페인 음료 섭취 경험이 있었으며, 그 목적으로는 수면 억제(57.1%), 신체활동의 증가(10.4%)를 위한 것이라고 응답했다. 특히 시험 기간과 같은 특정한 시기에 섭취 빈도가 증가한다고 응답한 비율이 25.0%로 나타났다.[36] 경상북도 지역의 고등학교 학생들을 대상으로 한 연구에서는 조사대상자의 12.5%가 카페인 1일 섭취 권고량을 초과하여 섭취한 것으로 나타났다.[37] 외국에서는 고카페인 에너지 음료를 섭취하는 청소년들이 대학생이 되었을 때 알코올 남용과 연관이 있다는 보고가 있다고 한다.[38]

12 아이들을 위협하는 고카페인 에너지 음료 중독

> 고카페인 에너지 음료는 60~200mg의 카페인이 함유되어 있는 제품으로, 최근 세계 여러 나라에서 국가적 규제방안이 제시되고 있다.

고카페인 에너지 음료는 1997년 '황소'를 의미하는 '레드불'(Red Bull)이란 이름으로 처음 만들어졌다. 이후 급속하게 증가하여 2006년 후에는 세계적으로 500여 종 이상이 시판되고 있는데, 매년 16%의 소비가 급증되는 고성장을 보이고 있다.[39]

그러나 고카페인 에너지 음료를 섭취한 후 갑작스러운 거친 행동, 두통, 두근거림 등의 부작용이 보고되고 있으며, 응급실 입원 사례도 있다(미국 약물 남용 및 정신건강보건국, 2013). 이뿐만 아니라 2015년에는 고카페인 에너지 음료를 장기간 마시던 일본의 20대 남성이 카페인 중독으로 사망하는 사건이 발생했다. 교도통신의 보도에 따르면, 부검 결과 카페인 중독사인 것으로 확인됐다. 사망한 남성은 심야에 일하면서 고카페인 에너지 음료를 자주 마셨다고 한다.[40]

고카페인 에너지 음료의 위험성 때문에 캐나다에서는 음료 250㎖당 카페인 함량이 100mg 이상 초과하지 않도록 하였고, 고카페인 주의와 어린이와 취약계층에 대한 주의 문구를 부착할 것을 의무화하고 있다. 유럽 연합에서는 카페인 함유가 150mg/ℓ 이상인 경우, '고카페인 함유'라는 문구를 제품명 가까이에 인쇄하도록 방침을 정했다.[41] 그 외 영국, 아이슬란드 등에서는 2013년 1월부터 '에너지 음료' 등에 대해 카페인 함량과 고카페인 함유 표시를 의무화하고, '어린이, 임산부 등 카페인에 민감한 사람의 경우 섭취에 주의하여야 한다.'는 문구를 표시하게 하고 있다.[42]

사례 "에너지 음료 끊고 나서 우리 딸아이 방이 깨끗해졌어요"

2023년 봄, 저는 한 고등학교 2학년 여학생과 그 학생의 부모님을 만나 상담을 하게 되었어요. 이 여학생은 외동딸이었고, 엄마도 아빠도 모두 이 여고생을 사랑으로 양육하고 있었어요. 원래는 긍정적이고 밝은 성격이었지만, 최근 2년간 우울증을 호소하며 정신과를 다니게 되었다고 했어요. 우울증으로 인해 학업이 어려워지게 되면서 결국 학교를 자퇴하게 되었고, 우울감 및 무기력 때문에 방 청소조차 하기 어려울 만큼 정상적인 생활이 힘들었어요.

그 여학생의 어머니는 "우리 딸아이가 원래 지저분한 성격이 아닌데, 방이 너무 너저분해졌어요. 무기력해서 그런 것 같아요."라고 하소연을 하셨어요. 청소를 하려고 마음먹었지만 오히려 방을 더 어지르게 되고, 공부를 하려고 책을 펼쳤다가도 집중력이 떨어져 마음먹은 만큼 학업을 수행해 내지 못하면서 무기력과 무능감에 빠지는 부정적인 되먹임(negative feedback)이 일어나고 있었어요. 우울증 약조차 전혀 효과가 없는 것처럼 느껴지자, 저를 찾아오게 된 거예요. "우울증 약을 먹으면 그래도 좀 효과가 있어야 할 텐데 전혀 그렇지가 않아요. 그래서 걱정이에요."

저는 여학생의 상태를 듣고 몇 가지를 체크했어요. 스마트폰 사용 시간이 너무 많지는 않은지, 카페인 음료를 과잉 복용하고 있지는 않은지, 지나친 다이어트를 하고 있는 것은 아닌지 우울증과 관련된 몇 가지였어요. 그 결과 여학생은 스마트폰 사용 시간이 하루 6시간 정도로 길 뿐만 아니라 에너지 음료를 하루에 두 캔씩 먹고 있다는 것을 알게 되었어요.

에너지 음료의 대표적인 부작용은 우울증이에요. 에너지 음료를 남용하게 되면 자신도 모르게 우울감 및 만성 피로에 빠지게 된다는 것을 여학생과 부모님은 모르고 있었던 거예요. 에너지 음료를 즐겨 마시면서 우울증 치료제를 계속 먹는다는 것은 너무도 어리석은 일이에요. 아무리 좋은 우울증 치료제를 먹어도 그 약의 효과를 상쇄시켜 버리고, 치료에 전혀 도움이 되지 않아요.

저는 우울증 치료제의 약리 작용을 방해하고, 우울증을 유발하는 에너지 음료를 끊도록 권유했어요. 여학생은 "저는 에너지 음료를 마시지 않으면 너무 피곤해요. 멍 때리고 있을 때가 많아요."라고 말했어요. 저는 여학생에게 피곤하지 않도록 일찍 자고, 미네랄과 비타민을 잘 챙겨 먹으며 피로 회복을 하는 데 집중하고, 적당한 운동과 식이 요법을 병행하면 에너지 음료에 대한 의존도가 떨어질 거라고 알려 주었어요.

일찍 자고, 적당히 움직이고, 비타민만 잘 챙겨 먹어도 훨씬 덜 피곤할 수 있다는 것을 몰랐던 여학생은 불과 2개월이 되기 전에 엄청난 효과를 보았어요. 방이 깨끗해지고 무기력함이 많이 호전된 거예요. 여학생은 에너지 음료가 이렇게까지 우울감과 무기력을 유발할 수 있는지 몰랐다며, 에너지 음료의 위험성을 알려 줘서 고맙다고 했어요.

에너지 음료가 오히려 무기력하게 만든다는 이 엄청난 딜레마는 우리에게 많은 것을 알려 주고 있어요. 우리가 건강한 라이프 스타일을 유지하지 않으면서 에너지 음료, 즉 고카페인 음료에만 의존하며 살아갈 때 우리의 몸뿐만 아니라 마음까지 망가지고, 깊은 영혼의 우울감에 빠질 수 있다는 것을 잘 인지해야 해요. 또한 이러한 사실을 알려서 에너지 음료 남용으로 고통받고 있는 사람들이 어두운 길에서 빠져나올 수 있도록 도와줘야 해요.

카페인 중독에서 벗어나기 위해 일찍 자기, 비타민이 풍부한 식단 꾸리기, 적당한 운동 등으로 체력 단련하기, 긍정적으로 생각하고 잘 웃기 등 여러 가지 방법을 실천해 보아요.

⑬ 카페인 정제

> 카페인 정제는 카페인을 농축해서 만든 것으로, 카페인 200mg 정도가 함유되어 있다.

일상 속 식품을 통해 카페인을 섭취하려는 욕구를 넘어 카페인 정제 알약을 섭취하려는 시도들이 점차 유행하고 있다.[43] 특히 학생들 사이에서 시험 기간 동안 잠을 쫓기 위해 고카페인이 함유된 '카페인 알약'을 찾는 일이 늘어나고 있다. 생활 습관이나 음식을 통해 체력을 관리하지 못하는 수험생 자녀를 위해 카페인 알약과 건강보조식품을 한 번에 대량으로 구매해 주는 학부모도 있다고 한다.[44]

2016년 5월 기준, 해외직구로 100알에 8,000원 정도(배송비 제외)로 저렴하고 손쉽게 카페인 정제를 구매할 수 있었지만, 2017년 6월부터 통관이 금지되었다. 그러나 이는 순수한 100% 카페인 정제만 해당되는 이야기로, 칼슘 또는 테아닌 등이 함께 함유된 제품은 순수한 카페인 정제로 취급되지 않아 문제 없이 통관될 수 있었다. 그러다가 2020년 1월에 발표된 수입 금지 성분(원료) 리스트에서 삭제된 이후 현재까지 정상적으로 통관되고 있다.[45]

4장.
그 외의 물질 중독

1 '해피 벌룬'이라고 불리는 향정신성 물질, 아산화질소

> 파티 문화를 통해 들어온 아산화질소는 헬륨가스와 전혀 다른 물질이다. 일명 '래핑 가스'(laughing gas)로 불리며 '해피 벌룬'(happy balloon)에 사용되는 아산화질소는 의료용 보조 마취제지만, 순간적인 환각 효과를 목적으로 풍선에 넣어 흡입하는 사례가 있었다.

파티 문화에서 빠질 수 없는 아산화질소는 처음에는 치과에서 진료를 할 때나 휘핑크림을 만들 때 사용되었다. 치과에서 아산화질소를 사용하게 된 것은 치과 진료를 무서워하는 아이들을 위해서였다. 이 가스를 들이마시면 일시적으로 긴장감이 완화되어 진료를 받는 데 도움이 되었기 때문이다. 또한 휘핑크림을 만들 때 휘핑기에 아산화질소 캡슐을 꽂으면 아산화질소가 생기면서 크림이 만들어진다.

아산화질소를 마시면 잠시 기분이 좋아지게 되는데, 이것이 오용되어 파티 문화로 전파되었다. 아산화질소를 남용하게 되면 척수 신경병이나 발기 부전, 팔다리 마비와 같은 신경계 질환이 생길 수 있으며, 심한 경우에는 사망에 이를 수 있다. 잠깐의 기분 전환을 위해 이런 위험을 감수하는 것은 참으로 어리석은 일이다. 건강하게 기분 전환을 할 수 있는 방법이 얼마든지 있기 때문이다.

아산화질소 중독 관련법은 마약법이 아니라 화학물질법으로 관리되고 있다. 해피 벌룬 흡입이 적발되면 화학물질관리법에 따라 5천만 원 이하의 벌금이 부과되거나 3년 이하의 징역 처벌을 받게 된다(화학물질관리법 제59조 〈벌칙〉). 또한 의료용으로 사용하는

경우를 제외하고 아산화질소를 흡입 목적으로 소지하거나 판매하는 것도 금지되어 있다(화학물질관리법 제22조).

아산화질소는 마약류로 분류되지는 않지만, 마약 못지않게 위험해요!

❷ 죽음에 이를 수 있는 '몸짱약' 아나볼릭 스테로이드

'몸짱약'이라고 불리는 아나볼릭 스테로이드는 단시간 안에 근육을 많이 만들기 위해 사용된다. 그러나 아나볼릭 스테로이드는 남성 호르몬에 영향을 주어 불임의 원인이 될 뿐만 아니라 우울증에 빠질 수 있는 위험한 약이다.

SNS를 통해서 자신의 몸매나 라이프스타일을 자랑하는 일들이 많아지고 있는 요즘, 연예인뿐만 아니라 일반인들 사이에서도 바디프로필을 찍는 것이 유행하면서 몸짱약을 사용하는 사람들이 많아졌다.

몸짱약이라고 불리는 아나볼릭 스테로이드는 단백질을 만드는 '단백동화호르몬'이다. 몸의 각 조직을 구성하는 단백질은 근육 생성에 중요한 요소이다. 그래서 아나볼릭 스테로이드를 사용하면 체내에서 근육의 생성을 촉진시켜 같은 양의 운동을 해도 단시간 안에 자신이 원하는 근육의 양에 도달하게 된다. 또한 단기간에 집중력과 에너지 대사를 높여 평소보다 더 강한 힘을 발휘할 수 있다. 실제로 하버드 의대 해리슨 G. 포프 교수 연구진에 따르면, 스테로이드를 사용하면서 운동을 한 사람과 사용하지 않고 운동한 사람의 근육 성장 효과는 3배 가량 차이를 보이기도 한다고 밝힌 바 있다. 즉, 약물을 이용하며 경기하는 사람의 운동 수행능력을 약물을 사용하지 않고 정직하게 훈련한 사람이 따라가기 어렵다는 것이다. 그래서 스포츠계에서는 공정한 경기를 위해 금지약물로 지정했다. 그런데 아나볼릭 스테로이드의 근육 증강 효과 때문에 실제로 많은 사람들이 헬스장이나 온라인상에서 암암리에 불법 유통되고 있는 아나볼릭 스테로이드를 이용하고 있다.

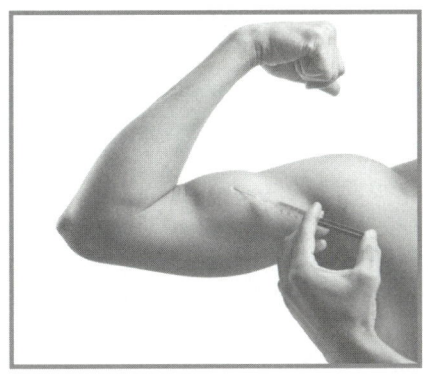

그런데 문제는 이 아나볼릭 스테로이드가 중독 증상을 보인다는 것이다. 왜냐하면 아나볼릭 스테로이드를 사용하다가 중단하면 그것을 쓰기 전보다 훨씬 느린 속도로 근육이 만들어지거나 근 손실이 일어나는 것 같은 느낌을 받게 되기 때문이다. 그래서 아나볼릭 스테로이드를 사용하던 사람들은 이것을 끊기 어렵다.

또한 아나볼릭 스테로이드는 많은 부작용을 가지고 있다. 먼저 남자의 경우 정자 생성을 어렵게 만든다. 몸에 남성 호르몬이 과다 분비된 것 같은 착각을 일으켜 남성호르몬의 활동을 억제시키게 되면서 고환에서 정자가 잘 생성되지 않게 되는 것이다. 이 말은 곧 남자로서 불임이 된다는 것을 의미한다. 여자의 경우에는 체모가 과도하게 성장해 수염이 날 수 있으며, 음핵이 커진다. 이뿐만 아니라 심장질환을 일으킨다. 아나볼릭 스테로이드는 이두

박근이나 삼두박근과 같은 우리 몸의 각종 수의근뿐 아니라 심장근육도 함께 발달시켜 비대해지게 만든다. 비정상적으로 심장근육이 커지면서 심장의 혈관을 압박해 다양한 심장질환을 유발하게 되는데, 심한 경우 심장마비로 이어질 수 있다. 또한 아나볼릭 스테로이드는 무기력, 우울증, 자살 충동을 유발한다. 초기 한두 번의 사용으로는 체력이 좋아지는 기분이 들고 근력이 향상되는 듯한 착각을 일으키지만, 지속적인 사용은 신경질적이고 예민하며 우울하고 자살 생각을 많이 하게 만드는 부작용으로 이어지게 된다. 이 외에도 간암, 여드름, 고지혈증, 당뇨병, 심근경색, 관상동맥질환, 정서 불안, 충동성과 공격성 증가, 조증, 망상 등의 부작용이 있다.

아나볼릭 스테로이드를 통해서 몸을 만들었던 한 선수는 그 누구보다 멋진 몸매를 가지게 되면서 많은 사람들의 부러움을 한몸에 받았지만, 아나볼릭 스테로이드를 사용한 이후 발기부전 등 남자로서 불임에 가까운 증상을 겪게 되면서 우울증이 심해져 자살 충동, 무기력, 의지력 약화 등을 겪게 되었다고 한다.

다른 사람에게 과시하기 위해 아나볼릭 스테로이드를 사용하는 것은 나뿐만 아니라 다른 사람 모두를 불행하게 만들 수 있다. 그러므로 아나볼릭 스테로이드의 위험성에 대해 알고, 인위적인 방법이 아니라 균형 있는 생활습관, 건강한 식습관, 운동 등의 방법을 통해 자신의 몸을 사랑해야 한다.

아나볼릭 스테로이드에 의존하여 억지로 근육을 만들면 그 부작용으로 불임이 될 수 있어요!

5장.
음란물 중독

① 디지털 네이티브의 시대가 열리다

'디지털 네이티브'(digital native)란 태어나 보니 이미 세상이 디지털에 둘러싸인 세대, 태어나 보니 손안에 스마트기기가 쥐어진 세대, 이러한 우리의 아이들을 일컫는 신조어이다.

불과 30년 전만 해도 개인 컴퓨터가 없다고 해서 삶이 그다지 불편하거나 답답하지 않았다. 그러나 디지털 네이티브들은 미디어와 상호소통이 없던 TV나 라디오 세대와는 전혀 다른 시대를 살아가고 있다.

디지털 네이티브들은 손쉽게 엄청난 양의 지식을 얻을 수 있을 뿐만 아니라, 자신의 삶을 사이버 세상에 노출하는 경향이 높다. 인터넷 세상에서 정보나 감정을 공유하는 일이 갈수록 늘어나는 반면, 실제 대면하는 삶에서 쌓아 가야 할 인간관계는 등한시하는 경우도 있다. 바로 옆에 사람이 있는데도 직접 대화하지 않고, 문자나 사회관계망서비스(이하 SNS)를 통해 주고받는 방식으로 대화하는 모습을 어렵지 않게 볼 수 있다. 또한 자신의 주 양육자가 주는 정보보다 인터넷을 통해 얻은 정보를 더 신뢰하는 경향을 보인다. 디지털 네이티브들은 사이버 공간에서 주어지는 비대면성 및 익명성을 무기로 삼아 상대방에게 악플 등으로 언어폭력을 가하거나, 음란물 등 각종 유해 사이트에 접속하기도 하는데, 이는 현실과 사이버 세상을 구별하지 못하게 하고 현실 속에서 실제 성폭력의 가해자가 되는 등 반사회적 행위를 유발할 수도 있다. 즉, 사이버 일탈이 실제 삶에서의 일탈로 가는 관문이 될 수 있다는 의미에서 이것은 청소년 발달에 악영향을 미칠 가능성이 매우 높다. 디지털 네이티브의 장점을 극대화하되 단점을 극복하도록 국가(사회 또는 학교)와 가정이 청소년들을 잘 이끌어 주어야 한다.

❷ 디지털 미디어가 디지털 네이티브에게 미치는 영향

> 디지털 미디어는 디지털 네이티브에게 인터넷 우상화, 왜곡된 팬픽 문화, 음란물 노출 등의 영향을 미치고 있다.

첫째, 인터넷이 우상화되어 가고 있다. 디지털 네이티브들은 모든 영역에서 과도하게 인터넷을 맹신하는, 또는 인터넷에 의존하는 모습을 보이고 있다. 교육자나 부모님의 조언이나 전문 도서가 아닌 인터넷 검색을 통해 얻은 정보를 더 신뢰하는 것이다.

둘째, 팬픽으로 인해 청소년들이 음란물의 소비자이자 재생산자가 되고 있다. 아이돌에게 열광하는 청소년들 사이에는 그들만의 문화가 있는데, 팬들이 쓰고 읽는 픽션(Fan+Fiction), 즉 팬픽(Fanfic) 문화이다. 팬픽은 팬들이 기존의 만화, 소설, 영화, TV 드라마 작품 등의 캐릭터나 세계관 혹은 설정을 차용해 자신이 원하는 대로 이야기를 만들어 내는 2차 창작물을 통칭한다. 인터넷 소설이 발전하면서 팬픽 역시 크게 성장했다.

문제는 대부분의 팬픽이 혼외 성관계나 동성 간 성행위를 미화시킴으로써 성적 환상을 왜곡된 방향으로 자극한다는 것이다. 남자 아이돌 그룹을 팬픽의 주제로 삼은 경우, 그 팬픽 속에서는 남자 아이돌 그룹 멤버들이 서로 동성 간 성적인 행위를 한다는 설정이 주를 이룬다. 주로 여학생들이 팬픽 소설을 쓰고, 소비도 한다. 학생들이 쓰는 것이니만큼 노골적인 음란물 수준의 시각적 자극을 주지는 않지만, 각종 혼외 성관계와 동성 간 성행위에 대한 미화는 청소년을 성애화되게 만들어서 건강하게 써야 할 에너지를 다른 곳에 소비하게 만들 수 있다.

셋째, 성과 관련된 단어를 검색하지 않았는데도 검색을 계속하다 보면 최종적으로 음란물이 나오는 경우가 많아졌다. 인터넷 서핑을 하다 보면 광고나 검색어 등 어떤 형태로든 음란물에 노출되기 쉽다. 부모들은 인터넷 서핑의 결과가 깔때기처럼 결국에는 음란물에 도달하기 쉽다는 사실을 인지해야 한다. 음란물에 대한 접근성이 쓰나미처럼 커지고 있다는 사실과 인간의 성적인 호기심과 욕구가 만들어 내는 결과물이 결국 음란물 시청으로 귀결되기 쉽다는 의미이다. 그러므로 자녀가 홀로 인터넷을 사용하는 것을 제재하고, 꼭 이용해야 할 때는 양육자가 함께하는 것이 중요하다. 교육 현장에서도 가급적이면 인터넷 검색을 통한 과제물 부과를 최대한 늦추는 것이 좋다.

③ 음란물의 문제점

> 우리가 독을 먹으면 몸에 독이 퍼지고, 영양제를 먹으면 영양제가 몸에 퍼지듯이 우리가 보고 듣고 느끼는 것은 우리에게 영향을 준다. 즉, 음란하고 폭력적이고 악한 것을 보고 즐기면 바른 가치관이 생겨날 수 없다. 또한 음란물은 모방 감정을 갖게 만들어 성범죄를 일으킬 수 있다.

'음란'이란 사회 통념상 일반인의 성욕을 자극해 성적 흥분을 유발하고 정상적인 성적 수치심을 해하여 성적 도의관념에 반하는 것을 뜻한다(대법원 2013도

6345 판결).[1] 이것은 단순히 저속하다거나 문란한 느낌을 준다는 정도를 넘어서서 존중받고 보호되어야 할 인격을 갖춘 존재인 사람의 존엄성과 가치를 심각하게 훼손하고 왜곡했다고 평가할 정도로 노골적인 방법으로 성적 부위나 행위를 적나라하게 표현하거나 묘사한 것을 말한다. '음란물'은 사회 통념에 비춰 전적으로 또는 지배적으로 성적 흥미에만 호소하고 하등의 문학적·예술적·사상적·과학적·의학적·교육적 가치를 지니지 않는 것을 뜻한다(대법원 2006도3558 판결).[2]

음란물을 즐기다 보면 자신이 음란물에 의해 성애화된 상태에서 상대방도 자신과 같을 것이라는 일반화를 겪게 된다. 그리고 자신의 성애화된 내면을 세상과 상대방에게 투사하게 된다. 즉, 음란물로 지배된 자신의 내면만큼 다른 사람들 역시 그럴 것이라는 착각에 이르게 되는 것이다. 음란물을 SNS로 상대방에게 보냈는데, 그것을 보고 성적 수치심을 느낀 상대방의 고발로 이어져 성희롱 가해자가 되기도 한다. 음란물을 자주 접함으로 그 자극이 일반화되고 체화되어 별일이 아니라고 생각하게 된 것이다. 이렇게 음란물은 인간을 대하는 태도에 큰 영향을 줄 수 있다.

2012년에는 행정안전부가 전국 청소년 12,251명을 대상으로 실시한 "청소년 성인물 이용 실태조사" 결과를 발표했다.[3]

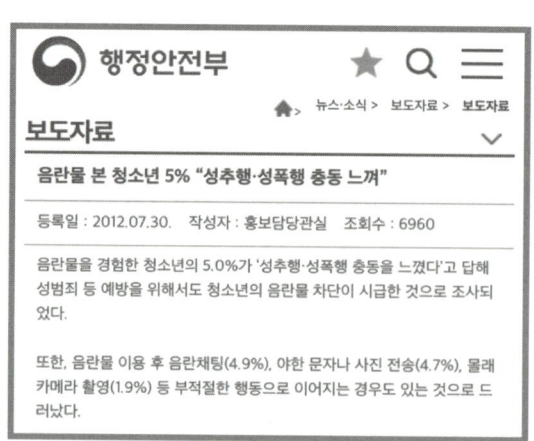

	피곤함	19.3%
	변태적인 장면도 자연스럽게 여기게 되었다.	16.5%
	안 보면 허전하다.	16.1%
	더 자극적인 성인물에 집착하게 되었다.	14%
	집중력 감소	11.2%
	이성 친구가 성적 대상으로 보인다.	7.9%
	성추행·성폭행 충동을 느꼈다.	5%
	음란 채팅	4.9%
	음란 문자나 사진 전송	4.7%
	몰래 카메라 촬영	1.9%

<2012년 행정안전부 "청소년 성인물 이용 실태조사" 발표>

2016년 8월 충남지방경찰청 사이버수사대는 SNS를 이용해 아동 청소년 이용 음란물을 전시·배포한 혐의로 십 대 청소년 20명을 불구속 입건했다.[4] 이들은 중고등학교에 재학 중인 15~19세로, 2월부터 스마트폰 무료 채팅 앱을 통해 음란물 공유방을 운영하면서 자신들이 소유한 음란물을 업로드했다. 음란물을 즐기는 것에 그치지 않고 직접 음란물 사이트를 개설한 사례이다. 청소년이 음란물의 소비자이자 재생산자가 되어 가고 있는 것이다. 그러므로 음란물을 인간의 성적 충동과 욕구를 충족시켜 주는 건강한 해방구로 보는 것은 잘못된 견해이다.

내가 먹고 마신 것뿐 아니라 내가 즐겨 보고 듣는 것 역시 나의 몸과 마음에 영향을 준다는 것을 알아야 해요.

④ 음란물 중독, 뇌를 손상시킨다는 것이 밝혀지다

> 음란물 시청은 치명적인 뇌 손상을 일으킬 수 있다. 음란물이 뇌에 강한 자극을 주게 되면서 보상회로가 망가질 수 있고, 기억력 감퇴, 뇌가 쪼그라드는 현상, 전두엽 손상 등을 일으킨다.

1954년 캐나다 맥길 대학의 피터 밀너(Peter Milner)와 제임스 올즈(James Olds)는 쥐의 뇌에 전극을 꽂고 뇌의 어떤 부위가 전기 자극을 받으면 불쾌감을 유발하는지 실험했다.[5] 놀랍게도 쥐들은 자신의 뇌를 자극하기 위해 시간당 무려 7,000번이나 지렛대를 눌렀다. 심지어 음식과 물은 쳐다보지도 않고 죽을 때까지 지렛대를 누른 쥐도 있었다. 전기 자극이 가해진 뇌 부위는 쾌감중추에 해당하는 측좌핵이었다. 이후 연구를 통해 신경과학자들은 측좌핵과 복측피개영역을 포함하는 보상회로를 밝혀냈다. 그런데 아주 강한 자극에 노출되면 보상회로 자체가 망가지게 된다.

2012년 독일 뒤스부르크-에센 대학교 연구진은 독일 성인 남성 28명(평균 연령 26세)을 대상으로 음란물이 기억력에 미치는 영향을 실험했다.[6] 자극적인 성인물 이미지와 일반적인 이미지를 번갈아 보여 준 후, 어떤 사진이었는지 적어 보는 간단한 테스트였다. 이를 통해 성적인 자극을 주는 사진을 보고 난 후 일반 사진에 대한 기억력이 현저하게 떨어진다는 사실이 밝혀졌다.

2014년 독일에서는 음란물을 즐기면 뇌가 쪼그라든다는 연구 결과가 나왔다. 음란물을 많이 본 사람일수록 자극과 보상 반응을 담당하는 뇌 부위, 즉 대뇌의 바닥핵 가운데 있는 선조체(striatum)가 작아진다는 것이다.[7]

2013년 9월 캐나다 라발 대학교의 레이첼 앤 바르(Rachel Anne Barr) 신경과학 연구원은 음란물을 정기적으로 시청한 사람들에게서 전체 피질(뇌 표면 신경세포들의 집합)의 29%가량을 차지하는 전전두엽 피질의 손상이 관측됐다고 발표했다. 전두엽은 상황 판단, 사고, 계획, 자기 인식, 위험요인 자각, 통찰하는 능력 등을 제공한다. 인간이 동물과 달리 인간다운 성숙한 사고와 판단을 하게 만드는 부위가 바로 전두엽이다. 그런데 이 부분이 손상되면 충동을 조절하지 못하거나 강박적 행위, 의지력 약화, 우울증, 발기부전 같은 성기능 저하가 생길 수 있다. 바르 연구원은 음란물이 전두엽을 '부식(erosion)시킨다'고까지 언급했다.[8]

음란물이 실제로 뇌에 심각한 악영향을 끼친다는 것이 이미 MRI 등을 통해 관찰되고 있어요.

❺ 음란물에 중독되면 뇌의 도파민 수용체가 고장 난다

> 음란물 중독은 신경조절물질인 도파민을 우리를 파멸시키는 물질로 바꾸어 버린다. 도파민 수용체가 고장 나면 결국 뇌와 심신이 망가지게 된다.

인간에게는 도파민이라는 신경조절물질(neuromodulator), 천연의 에너지가 생성된다. 무언가를 하겠다고 결심하거나 하고 싶다는 의욕을 느끼게 해 주는 것이 이 도파민이다. 인간이 일을 해내어 얻는 쾌락, 즉 성취감이나 도취감 또한 도파민과 관련되어 있다.

도파민은 많이 분비될수록 쾌락을 더 강하게 느끼고, 두뇌 활동이 일시적으로 증가하며, 작업 속도, 정확도, 목표지향적 행동, 인내, 끈기 등에 지대한 영향을 준다. 일중독처럼 보이기도 하지만 투자 시간 대비 높은 효율을 보이는 사람들을 보면 도파민의 분비와 수용체 작용이 매우 활발하게 진행된다.

문제는 음란물을 즐기면서 자위행위를 하고 이에 따라 도파민을 소모하는 성중독에 빠지는 사람이 늘어나고 있다는 것이다. 중독 행위로 도파민이 과도하게 분비되면 우리 몸은 항상성(homeostasis)을 유지하기 위해 시냅스 후 신경세포에 있는 도파민 수용체가 일시적으로 감소하다가(down-regulation) 일정 시간이 지나면 도파민 수용체가 다시 복구되어 증가하는 상향 조정(up-regulation) 과정을 겪게 된다. 이 과정이 끝난 시점은 중독 행위가 중단되면서 도파민이 폭발적으로 분출되는 것이 끝난 상태이기 때문에 여러 금단 증상이 나타나게 된다.

❻ 음란물에 중독되면 음란물과 유대감을 형성하게 된다

> 음란물에 중독되면 인간에 대한 진심 어린 애정을 갖게 되기 어려우며, 비정상적이고 과도한 자극을 유발하는 음란물과 유대감 및 친밀감을 형성하는 현상을 보이게 된다.

성관계 시 방출되는 각종 신경조절물질과 신경전달물질, 호르몬 종류로는 도파민(긴장, 집중, 적극성, 기분 좋음), 엔도르핀(행복감, 해방감), 세로토닌(평온함, 만족감), 노르에피네프린(성적 흥분), 옥시토신(친밀감, 유대감), 바소프레신(친밀감, 유대감) 등이 있다.

이러한 물질 중 특히 성행위 시 증가하는 옥시토신이나 바소프레신은 성적 흥분을 유발한 상대방에게 유대감과 친밀감을 느끼도록 하는 호르몬이다. 그런데 음란물 앞에서 호르몬을 남용하게 되면 인간관계가 파괴되고 성중독에 빠지게 된다. 음란물 앞에서 각종 호르몬을 뿜어내며 유대감을 갖는 뇌는 결국 결혼 상대자와의 정상적인 성 행태 속에서 제대로 기능을 발휘하지 못하게 된다. 더 큰 성적인 자극을 갈망하도록 이미 보상체계가 망가질 대로 망가져 있기 때문이다.

또한 비정상적이고 과도한 자극을 유발하는 음란물과 유대감 및 친밀감을 형성하는 현상을 보이게 된다. 바로 음란물을 즐기기 위해 스마트폰과 컴퓨터를 켜는 순간부터 친밀감과 유대감, 안도감을 느끼게 되는 것이다. 음란물을 즐기지 못하는 상황에서는 불안하고 안절부절못한 채 지내다가 일을 마치고 어두운 방에서 홀로 음란물을 즐길 준비를 하게 되면, 그때부터 비로소 편안함을 느끼고 몸이 반응하는 중독 현상이 나타나게 된다. 음란물과의 유대감 형성, 이는 어떤 측면에서 보면 도파민의 폭발적인 분출로 인한 내성 현상이나 수용체가 고장 나 금단 증상이 나타나는 것보다 더 무섭고 벗어나기 힘든 성중독의 기전으로 보인다.

❼ 음란물에 중독되면 공격성이 증가하여 폭력적으로 변한다

음란물은 인간을 대하는 태도에 영향을 주는데, 특히 공격성을 띠게 만든다.

음란물은 사람을 존엄한 존재로 생각하고 만든 것이 아님을 기억해야 한다. EBS "다큐프라임-아이의 사생활"에서는 남자 대학생 120명을 대상으로 다음과 같은 실험을 했다.[9] 실험 참여자를 세 그룹으로 나누어 자연 다큐멘터리와 일반 음란물, 폭력적 음란물 등 세 가지 영상물을 15분간 시청하게 한 뒤 그룹별로 사람 및 사물 표적 중 사람 표적에 다트를 던지는 빈도를 측정하여 공격성을 살펴보았다. 그 결과 폭력적 음란물을 시청한 그룹이 자연 다큐멘터리를 시청한 그룹보다 사람 표적에 다트를 던진 횟수가 최대 8배나 높게 나타났다.[10]

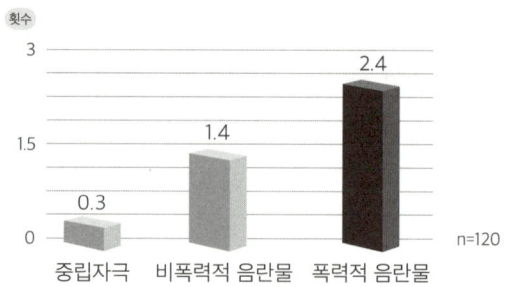

<사람 표적에 다트를 던진 횟수 - 출처 : 전남대 심리학과(2008)>

⑧ 음란물, 청소년에게 더 치명적인 디지털 독극물

청소년의 전두엽은 한창 발달하는 시기이기 때문에 성인의 뇌와 다른 성숙도와 차이가 있다. 이 차이는 정신적 성숙도나 전 행동(total behavior)의 차이로 연결된다. 인간의 정신 또는 마음과 육체는 매우 밀접하게 역동하고 있기 때문에 청소년들에게 더 치명적일 수 있다.

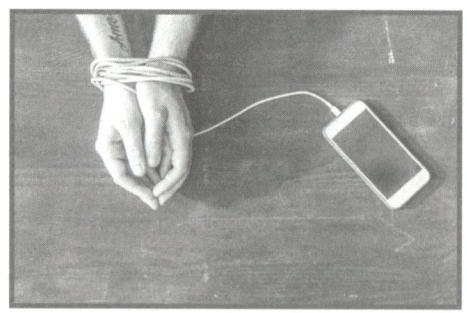

10년간 미국국립보건원(National Institutes of Health)은 생애 첫 21년 동안 뇌 영역이 어떻게 활성화되는지를 연구했다. 그 결과 뇌의 발달, 즉 뇌신경의

연결은 뇌 뒤쪽(후두엽)에서 앞쪽(전두엽) 방향으로 진행한다는 사실을 밝혀냈다. 즉, 마지막으로 신경 연결이 완결되는 부위가 전두엽이었다. 사고의 성숙과 관련된 부위인 전두엽의 발달이 뇌 부위 중 가장 늦게 이루어지다 보니 어른과 청소년의 정신적 성숙도는 차이를 보일 수밖에 없다. 반면 가장 먼저 발달하는 후두엽은 생애 중 가장 먼저 발달하는 부위이기 때문에 청소년이나 어른이 유사했다. 뇌 부위 중 변연계는 인간의 각종 본능, 욕구, 충동과 관련된 영역이다. 청소년은 전두엽 발달과는 달리 변연계 발달이 상당히 이뤄진 상태라 본능적 욕구와 충동이 활발하다.

종합하자면 십 대의 뇌에서 생각하고 판단하고 조절하는 전두엽은 아직 전선이 연결되지 않은 상태에 있다는 것이다. 반면 충동과 본능적 욕구의 부위인 후두엽은 상당한 기능을 한다. 즉, 청소년 시기 종합적인 상황 판단, 인내, 절제의 기능을 담당하는 전두엽에서 충동과 호기심, 욱하는 변연계의 역동을 누르는 기능이 통상적으로 부족한 것이다.

그래서 전문가들은 십 대의 뇌는 어른에 비해 80% 정도밖에 성숙하지 못한 상태라고 말하곤 한다. 십 대 자녀들이 감정 기복이 심하고, 화를 잘 내고, 충동적인 말이나 행동을 하는 것에는 이유가 있다. 시작은 거창했지만 끝까지 마무리하지 못한 채 그만두거나, 담배나 알코올의 유혹에 쉽게 빠지고 위험한 행동을 하는 등 당혹스러운 모습을 보이는 이유를 뇌과학이 상당 부분 설명해 준다.

형사처벌을 받을 만한 죄는 지었지만 실제로 형사처벌을 받지 않는, 만 14세 미만의 청소년을 '촉법소년'이라고 한다. 최근 이 연령대의 범죄가 늘어나고 있으며, 청소년 범죄로 보기 힘들 정도의 계획적 수법까지 등장하고 있다. 이 때문에 촉법소년의 나이를 낮춰서라도 처벌해야 한다는 목소리가 나오고 있다. 그러나 여전히 성인만큼 준엄한 법의 잣대를 적용하지 않는 것은 청소년의 '미성숙함'을 인정하기 때문이다. 사회 지도자의 자리에 서기에는 아직 부족한 면이 있기에 미성년자의 참정권에도 제한을 두고 있다.

물리적인 나이가 한 개인의 성숙도를 가늠하는 절대적인 기준이 될 수는 없다. 그러나 청소년은 미성숙함 때문에 성인이 될 때까지 사회적으로 여러 제도를 통해 배려와 보호를 받고 있다.

9 행정안전부, 음란물은 '차단'이 답이라고 결론내리다

> 음란물은 왜곡된 성관념과 폭력성을 부추긴다. 이러한 음란물의 악영향을 차단하려면 음란물을 적당히 보라고 하지 말고 차단하라고 가르쳐야 한다.

행정안전부는 2012년 "청소년 성인물 이용 실태조사" 결과를 발표했다. 결론은 "음란물은 일상생활에 지장이 없을 정도로 적당히 봐도 된다."가 아니라 "음란물을 아예 차단하라."는 것이었다.[11] 즉, 요즘 말로 음란물이 주는 유익은 '1도 없다'라고 본 것이다.

유타 대학교 심리학과 빅터 클라인(Victor B. Cline) 명예교수는 음란물을 많이 보면 실제로 모방해 보고 싶은 욕구에 빠지게 된다고 말하며, 음란물 접촉 후 겪게 되는 4단계 변화를 발표한 바 있다.[12]

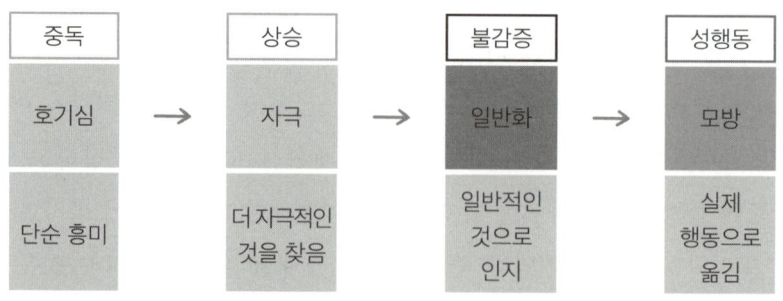

<음란물 4단계 증상 변화(빅터 클라인)>

그에 따르면 1단계는 호기심으로 음란물을 접하고 자극을 받게 된다. 2단계는 그것에 지속성을 갖게 되어 계속 보게 되는 단계를 거친다. 문제는 갈수록 일반 음란물이 싱겁고 재미없게 느껴지는 무감각 상태가 되어 더 자극적인 음란물을 찾게 된다는 것이다. 3단계는 그 음란물의 내용을 보편적인 성으로 인식하는 일반화 단계를 거친다. 4단계는 본 것을 그대로 실행함으로써 성폭력 범죄자가 되거나 혹은 변태성욕으로 남에게 피해를 주게 된다. 또한 스스로도 고통받는 삶을 살게 된다는 것이다.

2006년 안양 초등학생 납치 살해 사건의 범인 정성현의 개인 컴퓨터에서는 음란물 700여 편이 쏟아져 나왔다. 2010년 여중생을 아파트 옥상으로 납치해 성폭행한 당시 14세의 이 모 군은 "야동에서 본 것을 따라 하고 싶었다."라고 진술했다. 2010년 초등학생 납치 성폭행 사건의 범인 김수철은 범행 전날 오전 9시부터 밤 10시까지 십 대 여성이 등장하는 음란 동영상 52편을 시청한 후 그다음 날 아동을 성폭행했다. 2012년 경남 통영 초등학생 성폭행 및 납치 살해 사건의 범인인 김정덕의 컴퓨터에서는 아동 음란물을 비롯한 음란 동영상 70여 편, 음란 소설과 사진 130여 점이 발견되었다. 2018년 이른바 수원 토막살인 사건의 범인 오원춘 역시 조사 결과 하루 3~4번씩 스마트폰으로 내려받은 음란 사진이 700여 장에 달했다. 검찰 조사에서 그는 "컴퓨터로 음란 동영상을 자주 시청해 왔다."라고 진술했다. 이러한 사례는 일일이 열거하기 힘들 정도다.

이처럼 왜곡된 성관념 폭력성을 부추기는 음란물은 적당히가 아니라 아예 차단하는 것이 좋다.

10 음란물 예방 교육

1. 자녀와 소통하기를 멈추지 말고, 공감을 통해 아이들과 소통의 길을 확보한다.
2. 자녀와 10초 허깅을 꾸준히 한다. 가족 간의 허깅은 비정상적인 스킨십과 성관계가

난무하는 혼란스러운 상황에서 음란물과 싸울 힘을 준다.
3. 독을 먹으면 독이 몸에 퍼지고 물을 마시면 물이 몸에 퍼지는 것과 마찬가지로 음란물을 보거나 들으면 음란이 우리의 정신과 몸에 퍼진다는 원리를 가르친다.
4. 집 안에 있는 음란물을 모두 없앤다. 혹시 자녀가 인터넷 유해 사이트에 노출되어 있지는 않은지 꼼꼼히 모니터링하고 발견 시 탈퇴하도록 지도한다.
5. 음란을 조장하는 드라마 등 TV 프로그램을 시청하지 않는다.
6. 미성년자인 자녀가 부모 허락 없이 인터넷 유료 사이트에 가입하지 않게 한다.
7. 반드시 가정 안에서 컴퓨터를 공용으로 사용한다. 컴퓨터는 가족이 함께 쓰는 공간인 거실 등에서 사용하도록 규칙을 세운다.
8. 늦은 시간대에는 컴퓨터 사용을 자제한다. 늦은 밤 컴퓨터 사용은 숙면을 방해하고, 심신이 지친 상태에서 인터넷을 보면 감정적으로 치우친 정보나 음란물에 접속할 가능성이 커진다.
9. 익명의 대상과 온라인상 채팅을 피한다. 온라인으로만 접근하려는 상대방과의 채팅은 위험하다. 상대방이 불건전한 말을 걸면, 즉시 대화방에서 나오도록 지도하고, 낯선 사람에게 함부로 자신의 신분이나 연락처를 건네지 않도록 교육한다.
10. 스마트폰은 가급적 늦게 사 주는 것이 좋다.
11. 스마트폰 사용을 절제할 수 있도록 좋은 습관과 취미생활을 갖도록 지도한다. 스포츠 활동, 악기 연주, 독서, 보드게임 등 여가를 선용할 수 있게 도와준다.
12. 음란물 근절을 위한 환경을 조성했는데도 음란물 사이트에 우연히 접속했거나 음란물 메일을 받았을 때는 일단 위기 상황이라 판단하고, 적절한 대처를 한다.

이와 같이 자녀가 음란물을 가까이하지 못하도록 건강한 환경을 조성하는 것은 매우 중요하다. 한편 자녀는 교우 관계를 통해서도 영향을 받기 때문에 교우 관계에서 성장을 이루도록 도와야 한다.

6장.
게임 중독

① 게임 중독이란?

> 게임 중독이란 게임에 심각하게 빠져, 자의에 의해 조절이 불가능할 정도의 행동 및 심리적 문제가 발생하여 게임을 하지 않고는 정상적인 일상생활의 유지가 힘든 상태를 말한다(두산백과).

게임 중독은 게임에 지나치게 몰두하여 일상생활에 문제가 되는 상태이다. 일부에서는 게임에 과몰입한 개인에게서 발견되는 정신적 상태의 이상 증세라고 보며, 게임 중독이라는 말을 쓰지 못하게 하는 경우도 있다. 그러나 세계보건기구에서는 스스로 게임을 끝내는 등 통제가 되지 않고, 게임을 하다가 일상생활을 제대로 하지 못하게 되는 상황에도 불구하고 게임을 지속하는 기간이 12개월 이상이면 게임 중독으로 판정할 수 있다고 제시했다.[1]

청소년들의 교육 현장은 게임에 과몰입하는 청소년들에 대한 우려와 각종 결과물들로 어려움을 겪고 있다. 교사나 양육자들은 십 대들이 게임 때문에 생활이 망가지고 정신과 몸이 망가지는 게 눈앞에 뻔하게 보이는데도 왜 게임에 대한 사회적 통제가 미비하냐며 성토를 한다. 그럼에도 불구하고 게임 사업으로 돈을 버는 사람들은 게임에 과몰입하는 것에 대한 경고를 최대한 축소, 은폐시키려고 한다는 의혹을 받고 있다. 게임 중독의 해악성으로부터 청소년을 보호하기 위해 청소년 게임 시간을 제한하는 입법을 추진하는 입법자들에 대한 강도 높은 비판도 서슴지 않는 등 논란이 많다.

> 게임 중독은 매우 논란이 많은 용어예요. 게임 관련 업계에서는 게임 중독이라는 단어를 쓰지 못하게 압박하기도 해요.

② 질병으로 분류된 게임 중독

> 게임 중독이 질병으로 포함된 제11차 국제질병표준분류기준(ICD) 안이 제72차 세계보건기구(WHO) 총회에서 통과되면서 게임 중독은 엄연히 존재할 뿐 아니라 치료해야 할 질병이라고 글로벌하게 표준화되었다.

'게임이라는 행위에 중독된다는 것이 과연 가능한가?' 혹은 '게임이 사회적 일탈행위나 범죄와 관련이 있는가?' 등에 대해 이미 교육 현장에서는 당연히 게임 과몰입 내지는 게임 중독이 존재하며 매우 유해하다는 결론을 내리고 있지만, 이에 대해 지속적으로 반박하며 게임이 무해하다는 취지의 주장을 하는 사람들도 있다. 그러나 최근 이러한 게임 중독 이슈에 대해서 갑론을박할 필요가 없어졌다.

2019년 5월 25일부로 게임 중독을 포함한 제11차 국제질병표준분류기준(ICD) 안이 스위스 제네바에서 열린 제72차 세계보건기구(WHO) 총회 B위원회에서 만장일치로 통과되어, '게임 이용 장애'라는 정식 질병코드(6C51)가 도박 중독(6C50)과 같은 분류인 중독성 행위 장애(Disorders due to addictive behaviours)로 등록된 것이다. 이제 각국 보건당국은 질병 관련 보건 통계를 작성해 발표하고, 예방과 치료를 위한 예산을 배정할 수 있게 되었다. 개정된 질병 분류 기준은 2022년부터 적용되고 있다. 미국의 정신 장애 진단 및 통계편람(DSM-5)에서는 '인터넷 게임 장애'라는 이름으로 이에 대한 면밀한 연구와 검토가 필요하다는 사실을 기술하기도 했다.

ICD-11에 명시된 게임 장애(gaming disorder), 즉 게임 중독의 증상으로는 '적절한 게임 플레이 시간 조절 불가', '게임과 여타 행동의 우선순위 지정에 있어서 장애를 겪음', '게임으로 인한 부정적인 결과를 무시함' 등이다. 즉, 그동안 양육자들이나 교사, 언론인, 학자들이 정의해 왔던 '게임 중독'의 의미와 크게 다르지 않다.

> 게임 이용 장애, 일명 게임 중독은 세계보건기구에 의해 질병코드를 부여받았어요. 게임 중독 증상도 이제 질병으로 보고 치료해야 한다는 거예요.

③ 과도한 학업 스트레스가 게임 중독을 야기하기도

> 청소년들은 과도한 학업 스트레스, 게임을 통한 성취감 획득, 심리적 문제, 중독되기 쉬운 조건 등의 이유로 게임 중독에 빠지기 쉽다.

국내 조사에 따르면 십 대들이 게임에 과몰입하는 이유로 스트레스 특히 학업 스트레스를 꼽고 있다. 학업 스트레스를 잠시 잊기 위해 게임을 시작했다가 수십 분, 수 시간이 눈 깜짝할 사이 흘러간다는 것이다. 이런 행동은 더 깊은 학업 저조를 양산할 수 있다.

인터넷의 급격한 확산과 더불어 게임 이용자가 증가하게 되면서 게임이 주는 새로운 아이템 취득 시의 만족감, 레벨업 시 성취감 등의 자극적인 요소가 원인이 되어 게임 중독에 빠지기도 한다.

또한 우울증, 강박적 성향, 산만함, 집중력 저하, 충동성, 낮은 자존감 및 사회적 불안감 등의 심리적 문제도 게임 중독의 원인이 될 수 있다.[2] 게임에 빠진다는 것은 부족한 사회성의 '결과'라고 주장하는 전문가도 있다. 그러나 또 한편에서는 게임이 사회성 부족의 '원인'이라고 지목하기도 한다. 즉, 한창 또래와 관계성을 형성하며 함께 어울리는 것이 일반적이지만, 게임에 과몰입하게 되면서 사회성을 키울 시간과 여건을 가로막는 원인이 되어 부정적 되먹임(negative feedback)을 가속화시킨다는 것이다.

또한 게임은 신경전달물질인 도파민을 많이 분비시키게 되는데, 이러한 자극에 반복적으로 노출되면서 더 큰 자극을 찾게 되는 중독에 빠지기 쉽다.

④ 게임 중독에 따른 건강상의 문제점

> 게임 중독에 빠지면 건강상의 문제가 나타날 수 있으며, 이는 사망으로 이어질 수도 있다. 게임에 과하게 몰입하게 되면서 자신이 과로하고 있다는 것, 그로 인해 각종 건강 악화가 신체 부위마다 진행되고 있다는 것을 느끼지 못한 채 극단적인 상태로 치닫는 일이 발생할 수 있기 때문이다.

● **이코노미클래스 증후군**

한국컴퓨터생활연구소 어기준 소장은 이코노미클래스 증후군을 게임 관련 사망 원인 중의 하나로 꼽았다. 이코노미클래스 증후군이란 좁은 비행기 안에서 장시간 움직이지 않고 앉아 있을 때 생기는 현상으로, 혈액순환이 잘 되지 않아 다리에서 피딱지(혈전)가 만들어지고 이것이 혈관을 타고 돌다 폐혈관 등을 막는 현상이다. 게임 중독에 빠진 사람도 오랜 시간 한 자세로 있는 경우가 많아 이코노미클래스 증후군의 위험이 있다. 실제 국립과학수사연구소 조사 결과 게임 중 사망의 원인이 폐혈전색전증으로 나타나기도 했다.[3]

● **목과 척추 등 무리**

게임에 집중하게 되면 한 자세로 장시간 유지하게 되는 경우가 자주 발생하는데, 특히 목과 척추 등에 압박이 가해져 디스크를 유발할 수 있다. 구부정한 등과 머리가 앞으로 빠져 있는 자세나 의자 끝에 엉덩이를 걸친 채 누워 있는 듯한 자세 등은 척추를 일자로 만들어 충격을 흡수하는 능력을 떨어뜨려 디스크로 발전될 가능성이 높다.[4]

● **안과 질환 및 시력 감퇴**
스마트폰을 장시간 이용하게 되면 수정체 두께를 조절하는 모양체 근육이 지속해서 긴장 상태로 있게 되면서 과도한 피로가 누적되어 본연의 초점 조절 기능 이상 증상과 노안을 앞당기는 원인이 될 수 있다. 특히 스마트폰 스크린에서 발생하는 유해 광선인 블루 라이트 또한 눈의 피로를 더하는 주범이다. 또한 스크린에 집중한 탓에 눈의 깜박임이 줄어들어 눈물막 형성이 감소되면서 안구건조증을 유발할 수 있는데, 안구 건조는 각종 눈의 염증 및 안과 질환으로 발전될 수 있어서 문제가 되고 있다.[5]

● **뇌의 구조적 문제점 발생**
2017년 '정신의학 개척자들'(Frontiers in Psychiatry)에서 발표한 논문에 따르면, 게임 중독과 관련한 76개의 자기공명영상(MRI) 연구를 분석한 결과 게임 중독 시 뇌의 구조와 기능적 이상이 생긴다는 사실이 밝혀졌다.[6]
또한 벨기에의 국제 공동 연구진이 14세 청소년 154명의 뇌를 촬영한 결과, 일주일에 9시간 이상 게임을 한 청소년들의 뇌 왼쪽 선조체 영역이 훨씬 부어 있다는 사실이 밝혀졌다.[7] 선조체는 보상회로의 일부로, 마약 중독 등 비정상적 도파민 과다 방출 시 붓는 부분이기도 하다. 음란물 중독 부분에서 전술했듯이, 뇌는 예상치 못한 보상을 얻었을 때 쾌락을 느끼게 하는 신경전달물질인 도파민이 분비된다. 그런데 이러한 자극에 반복적으로 노출되면 더 큰 자극을 찾게 되기 때문에 자극을 전달하는 게임에 중독될 가능성이 높아진다고 분석하고 있다. 또한 게임은 주의력, 인지력, 판단력, 기억력 등 뇌기능 저하의 원인이 되기도 한다.

게임 중독은 '해마'라고 하는 중요한 뇌 부위를 퉁퉁 붓게 만들고 건강한 뇌의 보상 회로를 망가뜨려요.

● **신체 노화 가속화**

"게임 중독 10대, 폐 나이는 52살… 뜨거운 '중독' 논쟁"이라는 기사 제목을 통해 게임 과몰입이 결국 청소년들의 각종 신체 기능 저하를 불러일으킨다고 경고하고 있다.[8]

중학교 1학년생인 C군의 폐 나이를 측정해 본 결과, 그의 실제 나이보다 39살이나 많은 52살로 나타나 충격을 주었다. 폐활량과 폐 기능이 같은 또래집단 평균보다 현격하게 떨어진 것이다.

게임은 즐기는 것처럼 보이지만, 실상은 속을 태우며 이기기 위해 애쓰는 과정의 연속이다. 그러다 보니 교감신경은 흥분되고, 스트레스 호르몬인 코티졸 분비는 과해져서 신체 노화라는 악영향을 낳기도 한다.

● **우울감과 스트레스**

한국교육개발원이 연구하여 한국콘텐츠진흥원에 제출한 '2021년 게임 과몰입 종합 실태조사'에 따르면 청소년 게임 과몰입 위험군은 불안, 우울, 충동성, 부주의, 학업 스트레스 등이 모두 게임 일반 이용군보다 높게 나타났다.[9]

정현진 정신건강의학과 전문의에 따르면, 게임 중독자들 중에 우울증이 발생하는 경우가 높다고 한다. 우울 증상으로 인해 게임으로 빠져들게 되고, 게임에 빠져들면서 우울이 더 심해질 수 있다는 것이다. 또한 대인관계가 단절되기 쉽기 때문에 게임 중독과 우울 증상은 서로 상승효과가 있다고 보는 견해가 널리 받아들여지고 있다.[10]

> 사례 1

2002년 10월, 광주의 한 PC방에서 20대 남자가 숨지는 사건이 일어났다. 부검 결과 사인은 '컴퓨터'였다. 오랫동안 컴퓨터 앞에 앉아 게임을 하고 있으면 하체 부분에 혈전이 생기게 되는데, 이 혈전이 폐혈관을 막아 사고가 난 것이다. 이 사건은 게임 중독으로 사망하게 된 세계 최초의 사례로 보고되었다.[11]

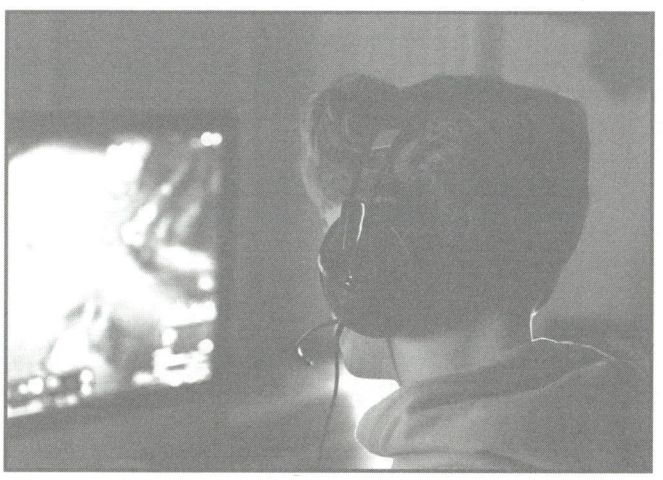

> 사례 2

2005년 8월, "게임중독 20대 PC방서 사망"이라는 기사가 일간지에 실렸다. 대구의 한 PC방에서 50시간 동안 게임에 몰두하던 28세 이 모 씨가 심장마비로 사망한 사건이었다. 조사 결과, 이 씨는 게임에 빠져 결근이 잦아 결국 회사에서 해고되는 일을 겪은 지 한 달 만에 PC방에서 게임을 하다가 사망하게 되었다고 한다.[12]

> 사례 3

2017년 2월 버지니아 주에 살고 있던 브라이언은 게임 마라톤을 통해 난치병 어린이를 돕는 모금 행사에서 24시간 자선 게임 마라톤을 하다가 급사했다. 사인은 게임 과로에 의한 심장마비였다.[13]

게임 중독으로 사망에 이르는 것은 게임에 빠진 사람이 겪는 악영향 중 매우 극단적인 형태이다. 그러나 표면적으로 드러나지 않았을 뿐 게임 중독은 많은 게임 중독자들의 영혼과 육체에 해를 끼치고 있다.

5 게임 중독자들에 의한 각종 범죄

게임 중독은 게임 속 세상과 현실을 구분하지 못하게 만들어 끔찍한 범죄로 이어지는 사고를 유발할 수 있다.

사례 1

2001년 봄, 폭력성이 강한 인터넷 게임에 빠진 중학교 3년생이 초등학교 4학년인 동생을 흉기로 살해한 사건이 발생해 충격을 주었다. 경찰 조사 결과, 가해자 중학생은 중1 때부터 여러 가지 컴퓨터 게임에 심취했으며, 살인을 저지르기 얼마 전부터는 흉기가 나오는 게임과 폭탄 사이트를 즐겼던 것으로 드러났다. 실제로 해당 게임에서는 가해자가 범행에 사용한 흉기가 무기 목록에 등장하고 있었다. 학교에서 선도부로 활동하고, 중위권의 성적을 유지하는 평범한 학생처럼 보였지만 자신의 홈페이지에 "앞으로 삶의 계획은 세상을 즐겁게 살고 군대 갔다 와서 살인을 맘껏 즐기는 것"이라고 기재해 두었던 것이 발견되었다. 가해자는 게임에서 보던 살인을 실제로 체험하려고 동생을 죽였다고 말했다.[14]

사례 2

인터넷 게임의 가상 무기를 친구에게 빌려주었다가 그 가상 무기를 맘대로 타인에게 팔아 버린 친구를 살해하는 일도 발생했다. 2005년 상하이의 한 청년은 당시 인기 인터넷 게임을 하던 끝에 원하던 가상 무기를 손에 넣었다. 그는 그 무기를 친구에게 빌려주었는데, 친구가 무기를 허락도 없이 120만 원에 팔아 버린 것이다. 이에 분노한 청년이 친구를 수 차례 칼로 찔러 죽이는 사건이 일어났다.[15]

> **사례 3**
>
> 현실과 게임을 혼동한 청소년이 살인 사건을 저질러 돌이킬 수 없는 범죄자의 대열에 서는 일이 발생하기도 했다. "게임중독 10대, 애꿎은 여대생 무참히 살해… 현실과 게임 혼동?"이라는 기사는 이 가해자 청소년이 평소 총, 칼 등의 무기를 이용해 싸우는 잔인한 게임에 중독된 상태였다고 설명한다. "내 손으로 사람을 죽여 보고 싶었다."라고 범행 사실을 밝힌 그가 죽인 사람은 그저 우연히 만난 한 여대생이었다.[16]

> **사례 4**
>
> "게임처럼 가족이 다시 살아날 거라고 생각했다."라며 파키스탄에서 게임을 하다 꾸중을 들은 10대가 홧김에 어머니를 포함한 가족 4명에게 총기를 난사하는 사건이 발생했다. 인터넷 게임 속 가상 현실과 실제 현실이 구분되지 않을 정도로 게임에 과하게 몰입한 14세 청소년이 저지른 사건이었다. 주 경찰은 "해당 게임과 관련한 비극은 처음이 아니다."라며 배틀그라운드 게임을 금지해 달라고 주 정부와 연방정부에 촉구했다. 10대가 배틀그라운드 때문에 스스로 목숨을 끊는 사건이 발생하고, 이 중 일부는 게임을 하다 미션에 실패했거나 부모님이 게임을 저지하자 화를 참지 못하고 극단적인 선택을 한 것으로 조사됐다. "배틀그라운드가 청년들의 건강과 생명에 부정적인 영향을 미치니 게임을 금지해 달라."며 법원에 제소하는 시민도 등장했다.[17]

❻ 게임 중독에 대한 사회적 인식

> 게임 중독이 '질병'이 된 지 3년이 넘었지만, 치료법이나 관련 제도는 여전히 미비하고 질병으로서 게임 중독(게임 이용 장애)을 다루는 시도나 사회적 이해도 아직 부족한 수준이다. 오히려 개인의 자유를 질병 취급한다고 비판하는 것이 현실이다.

게임 중독이 우울증이나 조현병처럼 고유한 진단적 실체를 가진 것인지 혹은 게임에 과몰입한 일부 개인에게서 발견되는 정신적 이상 증세인지 명확

하게 규명할 만한 근거와 임상 사례가 부족한 상황이다. 그러나 명백한 것은 게임 중독이 인간의 삶에 부정적 영향을 끼칠 뿐 아니라 게임 중독과 관련된 각종 사고가 끊임없이 이어지고 있다는 것, 그럼에도 불구하고 게임 과몰입의 문제점을 덮으려는 실체들 역시 존재한다는 사실이다.

청소년들의 게임 중독이 심각한 수준에 이르렀다는 판단 아래 일본은 정부 차원에서 첫 실태조사를 벌였다. 중독 질환을 전문적으로 치료하는 가나가와현 요코스카시에 있는 국립 구리하마 의료센터에서 게임 중독 환자 120명을 대상으로 설문조사를 했는데 그 결과 '아침에 일어나기 어렵다' 75%, '결석 및 결근' 59%, '먹지 않는다' 49%, '가족에 대한 폭력' 26%, '가족 돈 훔치기' 17%, '학업이나 업무 능률 저하' 48%(환자 대부분 일상생활 지장 초래)라는 답을 얻었다.

게임 중독 여부는 단체와 학자마다 기준이 다르다. 구리하마 의료센터 측은 일상생활에 지장을 줄 만큼 게임에 몰입하는 것이 1년 이상 지속될 경우 게임중독증으로 판단하는데 환자 대부분이 25살 이하의 젊은 남성이고, 이 가운데 자신을 스스로 제어하기 어려운 청소년들도 상당수여서 문제라고 밝혔다. 병원 측은 "아이들이 게임에 의존하다 보면 실제 삶이 혼란스러워질 뿐만 아니라 신체 또는 정신건강, 가족관계의 피폐로 이어질 수 있어 심각한 문제가 될 수 있다."고 우려했다.[18]

한국중독정신의학회 및 세계행위중독연구회(ISSBA)의 공동주최로 인천 송도컨벤시아에서 열린 제8차 국제행위중독학회(ICBA) 세계보건기구 세션에서 전문가들은 행위중독 문제를 해결하기 위한 공중보건학 발전 방안을 모색했다. 즉, 국제 보건의료계는 게임 과몰입(게임 이용 장애)을 국제 사회가 함께 대응해야 하는 엄존하는 위험으로 인지했고, WHO 중독 부문 책임자 역시 "행위중독은 실존하는 위험이다. 진단 지침 개발 및 치료법 개발을 위해 연구가 더 활성화되어야 한다."고 성토했다.

아직은 과도한 게임 이용에 '질병'이나 '중독'보다는 '과몰입'이라는 표현을 붙이자는 학자들도 존재한다. 그러나 게임을 많이 하는 행위가 중독이냐 과몰입이냐보다 더욱 중요한 것은 게임이 우리 일상과 사회에서 매우 중요한 비중을 차지하고 있고, 게임에 대해 과몰입하는 플레이어들이 틀림없이 존재하며, 그로 인해 발생할 수 있는 문제점들을 방지하고 해결하기 위한 고민이 요구된다는 사실이다. 그러므로 양육자들은 아이들이 게임에 중독되지 않도록 태중에 있을 때부터 노력해야 할 것이다.

❼ 숏폼 중독이란?

> 숏폼은 20~30초 단위의 영상으로, 수동적이고 인위적이며 강력한 자극을 주기 때문에 우리 뇌에 악영향을 미친다.

최근 1분도 채 되지 않는 길이의 짧은 영상 이른바 '숏폼'(Short Form)에 대한 선호가 늘고 있다. 길고 무거운 주제의 영상보다는 짧고 재미있으며, 유용한 영상에 '클릭'이 쏠리고 있다. 틱톡, 유튜브 쇼츠, 인스타그램 릴스 등 각종 온라인플랫폼 내 숏폼 열풍이 스마트폰을 손에 쥔 모든 이에게 불어닥쳤다.

"바쁘니까 정말로 '잠시만' 보고 즐겨야지!"라고 생각했다가도 수십 편, 수백 편의 영상을 클릭하며 시간 가는 줄 모르고 시간을 허비하는 일도 증가하고 있다. 부담 없이 1분 이내로 끝나는, 매우 짧고 그 주제가 다양하며 기발한 아이디어들이 툭툭 튀어나오는 영상은 그 다음 숏폼 영상에 자연스러운 호기심을 불러일으키고, 자동으로 또 다른 숏폼을 클릭하게 만든다.

숏폼 영상에 중독되어 몇 시간을 훌쩍 넘기는 경우도 많다. 이 경우 실생활에 나쁜 영향을 미치게 되는데, 밤새 홀린 듯이 숏폼을 즐기다가 늦게 잠들어 다음 날 업무에 지장을 받게 되거나 종일 머리가 멍해서 카페인에 의존해 커피와 에너지 음료를 입에 달고 다닌다. 또 막상 밤이 되면 불면 유사 증세와 함께 또다시 숏폼 영상 시청에 시간을 허비하는 인구가 늘고 있다.

짧고 재미있는 영상에 길든 보상회로는 긴 분량의 영상, 많은 생각을 요구하는 영상을 소화하기 힘들어하는 뇌로 변하게 된다. 자극적인 부분만 고르고 골라 1분 미만으로 편집해 놓은 숏폼 영상은 수 초 혹은 수십 초 간격으로 보상회로를 자극해 능동적이고 탐구적인 뇌가 아닌 수동적인 뇌로 만든다.

전 세계 유튜버들이 올리는 숏폼 개수는 엄청나다. 재밌고 자극적인 영상이 24시간 우리 손바닥 안에서 대기 중인 세상이 됐다. 인스타그램 릴스만 해도 매일 1,400억 회 넘는 조회 수를 기록한다고 한다.

문제는 이런 숏폼 영상에 중독되어 고통을 호소하고 병원을 찾는 이들이 생겨날 정도로 숏폼 중독 문제가 사회에 만연하다는 사실이다. 전문가들은 숏폼을 디지털 마약, 합성 마약이라고까지 칭하며 숏폼 시청을 끊으라고 조언한다.

실제로 중독 증상을 호소하며 병원을 찾는 10, 20대를 진료하는 전문의들의 권면에 우리는 귀를 기울여야 한다. 숏폼으로 인한 각종 중독 증세와 부작용이 개인과 사회 문제로 주목받자, 숏폼의 대표적인 콘텐츠이자 최초의 플랫폼인 '틱톡'은 18세 미만 청소년의 사용 시간을 하루 1시간으로 제한하는 시스템을 도입하겠다고 2023년 3월 발표했다. 중국은 '어린이들의 숏폼 영상 중독 예방을 위한 관리 강화 방침'을 밝히기도 했다.

인기 강사의 강의, 이슈가 된 드라마 시리즈, 다큐멘터리 등 숏폼의 재료는 넘쳐난다. 영상 일부를 발췌해 개인이 얼마든지 올릴 수 있고 심지어 굳이 컴퓨터 기기가 있는 장소까지 가지 않아도 손안에 있는 스마트기기만으로도 기존 영상을 내려받아 편집, 숏폼 형식으로 가공해 즉석에서 온라인에 올릴 수 있다. 스마트기기와 미디어 역시 혼연일체가 되어 숏폼 영상 기반을 증폭시킨다.

청소년의 뇌는 조절과 절제, 통찰의 뇌라고도 불리는 전전두엽이 성숙한 상태가 아니기에 특히 숏폼 중독에 더 취약하다. 바쁜 학교생활 등으로 놀잇감도, 함께 놀 대상도 없는 청소년에게 숏폼은 더할 나위 없는 '짧은 만남의 친구' 같은 느낌이다. 게임보다는 안전할 것으로 생각하고 쉽게 손을 댔다가 게임 못지않게 시간을 허비하는 자신을 인지적으로 조망하지 못하고 중독의 나락으로 빠지는 경우가 허다하다. 중독 예방 교육 시행 후 토론과 나눔 시간에 이야기했던 한 고등학생의 말이 기억난다.

"3~4분만 보고 자려고 했는데 서너 시간을 보고 있는 저 자신을 보고 놀랐어요. 정말 뭐에 홀린 것 같아요. 한 시간이 그냥 날아가요. 음란물이나 게임보다는 훨씬 시간을 덜 빼앗아 갈 것 같았는데, 숏폼 영상이야말로 시간 포식자예요."

쇼츠, 릴스, 틱톡 등 각종 숏폼 영상은 디지털 마약이라고 불릴 정도로 심각한 중독성을 가지고 있어요.

❽ 게임에 중독되지 않는 자녀로 키우려면?

1. 생후 3개월까지는 스크린에 아예 노출시키지 말 것
2. 보드게임을 먼저 알려주어 적당한 감정의 순환과 관계 맺기, 사회성 훈련을 쌓을 것
3. 재능을 개발하고 그 재능을 자산으로 키워 갈 수 있도록 도와줄 것
4. 완벽주의, 결과주의적 양육태도보다는 실수를 받아들이고 그 실수를 성공의 디딤돌로 사용하기 위해 소통하려는 태도를 가질 것
5. 부모로서의 합당한 권위를 가지고 아이에게 절제력을 심어 주는 훈육을 할 것
6. 게임 중독의 각종 정신적, 신체적 폐단을 생활 속에서 자연스럽게 자녀에게 수시로 알리고 교육하여 게임의 실체를 파악하고, 게임 중독에 대한 경계심을 다져 줄 것
7. 게임 중독에 의한 사건 사고를 수시로 교육하여 유사 사건이 주변에서 벌어지지 않도록 평소 학교와 사회에 관심을 가지도록 고양할 것
8. 학업 스트레스를 과하게 주는 환경이나 분위기를 지양할 것
9. 게임을 전적으로 막기 어렵다면 시간을 정해 놓고 매일 하지 않고 반드시 거르는 날을 두고 게임을 허용할 것
10. 애착 경험, 소통의 시간을 아이와 가지되 많은 시간이 아니어도 매일 가지기 위해 노력할 것
11. 게임보다 더 재미있게 도파민을 쏟아부을 각종 콘텐츠, 즉 본인이 흥미를 느끼는 분야에 대해 재능 개발을 돕고 보드게임 등 건전하게 사회성을 함양하고 중독 위험이 없는 놀이문화를 만들 것

7장.
중독으로 망가진 뇌 회복을 위한 노력

❶ 메타인지

> 중독이라는 유혹은 끊기 힘들기 때문에, 예방 교육을 수시로 하는 것이 좋다. 예방 교육을 통해 메타인지가 생기면 절제할 수 있기 때문이다.

중독의 폐해에 대해 교육을 받으면 '메타인지'가 열리게 된다. 메타인지(meta-cognition)란 1970년대 발달심리학자인 존 플라벨(J. H. Flavell)에 의해 만들어진 용어로, '자신의 생각에 대해 판단하는 능력'을 의미한다. '인식에 대한 인식', '생각에 대한 생각', '다른 사람의 의식에 대해 의식', 그리고 '더 높은 차원의 생각하는 기술'이다.[1] 이후 메타인지는 존 볼비의 정신화(mentalization)와 유사한 맥락으로 통하게 되었다.

이것은 나 자신을 보면서, 내가 무엇이 망가져 가는지 인식해 가는 것이다. 그렇게 되면 중독 대상에 대한 몰입도가 점점 떨어져 자신을 통제할 수 있게 된다.

❷ 중독 예방 교육의 핵심, 인지 행동 치료

> 중독 예방 교육을 위한 인지 행동 치료는 중독 대상이 해롭다는 인지를 뚜렷이 심어 주어서 끌림 혹은 호기심의 감정을 교정하여 절대로 하지 않도록 행동까지 이르게 하는 것이다.

중독 예방 교육에서는 인지 행동 치료가 매우 중요하다. 예를 들어 '마약 한 번 해 보려고 했는데 절대로 마약을 하면 안 되겠네.'라는 생각을 갖게 구체적으로 교육하는 것이다. 중독되면 최악의 상황에 처하게 된다는 것, 다른 사람과의 관계가 깨진다는 것을 교육을 통해 배우게 된다. 즉, 교육을 통해 자신의 생각과 감정을 고쳐서 타당하고 효용성 있는 선택을 할 수 있게 도와주는 것이다. 중독 대상을 통해 나아지는 것이 아무것도 없다는 것과 오히려 백해무익한 인생의 독극물이라는 것을 확실하게 인지하게 되면, 중독 대상에 끌리거나 호기심 어린 감정에 변화가 생겨 마침내 행동에도 영향을 주게 되는 원리이다.

③ 뇌가소성(신경가소성, neuroplasticity)

> 뇌가소성은 환경의 변화나 학습 등을 통해 뇌세포가 계속 성장하거나 또는 반대로 쇠퇴함으로 인해 뇌세포와 뇌 부위가 유동적으로 변하는 것을 말한다. 곧 뇌의 신경망들이 외부의 자극 등으로 구조적·기능적이게 변화하고 재조직되는 현상이다.

뇌가소성을 증명하는 사례는 여러 가지가 있다. 예를 들어, 독서를 열심히 하면 전두엽의 브로카 영역(말하기 기관), 우측 소뇌(감정 조절과 언어 인지 담당 기관), 측두엽 베르니케 영역(텍스트를 이해하고 해석하는 기관) 등 6개의 뇌 기능이 활성화되고 강화된다.[2]

손상된 뇌의 기능을 다른 뇌의 영역이 담당하는 경우도 쉽게 볼 수 있다. 심각한 뇌염을 앓아 뇌의 절반을 제거한 조디 밀러(당시 3세)는 꾸준한 물리치료를 받으며 건강하게 성장하여 대학도 졸업하고 일상을 행복하게 보내고 있다고 한다.[3] 알렉스(당시 8세)라는 영국 소년 역시 비정상적으로 엉긴 뇌혈관에 의해 언어장애, 일부 시각장애, 반신마비 상태에 있다가 왼쪽 대뇌의 반구를 완전히 제거하는 수술을 받았다. 그럼에도 불구하고 그는 점차 언어 능력이 발달하여 16세가 되어서는 유창한 언어를 구사하게 되었다.[4] 즉, 뇌도

잃어버린 기능을 회복하기 위해 스스로 연결 경로를 수정하는 등의 방법으로 재창조되고 재활이 가능해진다는 뜻이다.

이것은 각종 중독으로 인해 망가진 뇌도 마찬가지이다. 건강한 활동, 건강한 삶으로 습관을 재편성하는 과정에서 뇌는 상당 부분 회생되고 돌아올 수 있다.

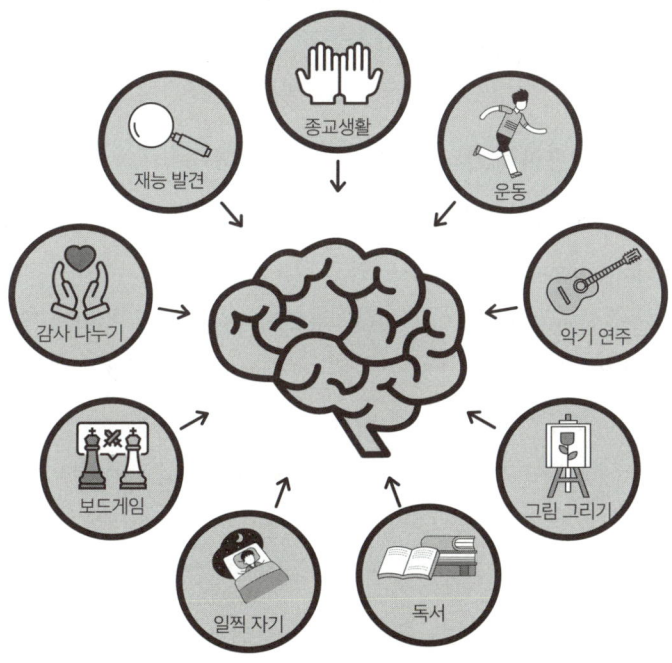

<뇌가소성을 촉진시키는 활동들>

망가진 뇌, 그러나 뇌는 가소성이 있으므로 최대한 회복시키기 위해 노력할 수 있어요!

❹ 중독 대상들 대신 우리가 건강하게 즐길 수 있는 것들을 제시하여 부모가 동참하다

> 우리는 건강하게 즐길 수 있는 것들을 누려야 한다. 사랑의 표현 생활화, 운동, 보드게임, 악기 연주, 그림 그리기, 독서 등을 통해 다른 쪽으로 행동을 교정해 뇌가소성을 일으킬 수 있다. 감사한 마음을 가지거나 충분한 잠을 자는 것, 건강하고 건설적인 일을 통해 규칙적인 보상을 주는 것, 재능 발견하기, 종교생활도 좋은 방법이다.

● **사랑의 표현 생활화하기**

가정에서 애착 경험을 충분하게 경험하지 못한 사람은 부작용을 겪게 된다는 존 볼비(John Bowlby)의 애착 이론이 있다. 양육자인 엄마나 아빠가 아이에게 애착을 주어야 한다는 이론이다. 부모님을 통해 애착이 생긴 사람은 고립과 불안, 우울 등에 빠지지 않을 수 있는 힘을 갖게 된다. 그래서 마약과 같은 중독에 빠지지 않게 된다. 그러므로 우리는 가족들에게 사랑의 표현을 해야 한다. 부부간에도 애착 표현을 많이 하는 것이 유익하다.

● **운동**

뇌세포가 쓸 수 있는 에너지가 많아지면 손상된 뇌 신경세포도 회복된다. 꾸준한 운동은 손상된 해마 세포를 다시 자라게 하는데, 오랫동안 운동한 사람들의 뇌 사진을 보면 줄어들었던 해마가 다시 그 크기를 회복하기도 한다고 보고되었다. 엔도르핀, 도파민, 세로토닌 등이 운동을 통해서 그 분비가 정상화되고 뇌를 정상화시키며 업무에 대한 의욕을 북돋아 주는 역할까지 한다.[5] 또한 운동은 정서행동발달에도 긍정적인 영향을 준다는 연구 결과가 있다. 이기봉 박사 등은 한 중학교의 1, 3학년 학생 중 스포츠활동 특기적성교육에 참여한 119명, 비스포츠활동 특기적성교육에 참여한 125명, 특기적성교육에 참여하지 않은 64명 총 308명을 대상으로 설문지 자료를 수집하여 "스포츠활동 특기적성교육이 청소년의 정서행동발달에 미치는 영향"을 조사했다. 그 결과 청소년이 스포츠활동 특기적성교육에 참여하는 것이 특기적성교육에 참여하지 않는 것보다 정서행동발달에 긍정적인 영향을 준 것은 물론, 특기적성교육 중에서도 스포츠활동 특기적성교육에 참여하는 것이 비스포츠활동 특기적성교육에 참여하는 것보다 정서행동발달의 변화가 큰 것으로 나타났다. 구체적으로 청소년의 정서행동발달 중 '학습 및 인터넷', '기분 및 자살', '걱정 및 생각', '친구 문제' 요인의 변화에서 스포츠활동 특기적성교육 참가 집단이 비스포츠활동 특기적성교육에 참여하는 집단과 특기적성교육에 참여하지 않는 집단보다 더 크게 나타났다. 결론적으로 청소년들의 스포츠활동 특기적성교육 참가는 과도한 생각과 걱정, 불안 증상, 우울 및 무력감 등을 감소시키고, 중독 성향을 낮추며, 긍정적인 친구 관계 변화에도 효과적이라고 볼 수 있다.

● **보드게임**

보드게임은 체스, 오목, 장기, 윷놀이, 부루마불 등이 있다. 규칙을 이해하고 기억해야 하는 보드게임은 전두엽을 자극한다. 특히 카드를 엎어 놓고 한 장씩 뒤집으며 같은 그림을 맞히는 간단한 게임이 도움이 된다. 전문가들은 혼자서 흑백 바둑돌을 번갈아 쓰며 오목을 두는 것도 좋은 뇌 활용법이라고 말한다. 윷놀이의 경우는 상대방과의 심리전, 예측, 경우의 수 등을 생각하며 다양한 감정의 역동을 일으키고 뇌 순환을 시킬 수 있으며, 인생의 축소판과 같은 부루마불을 통해 인생의 통찰력을 얻을 수도 있다. 우리는 이러한 보드게임을 통해 감정을 활성화시키면서 뇌를 순환시키고, 계산을 할 수 있으며, 질서를 지켜야 한다는 것을 깨닫게 된다.

● 악기 연주

악기 연주는 인지능력, 기억할 수 있는 두뇌의 용량을 증가시키며, 외국어를 배우는 데 긍정적인 영향을 주기도 한다. 65~80세의 노인들 중 1년 이상 악기를 연주한 사람들은 단어 기억, 비언어 기억, 인지 유연성에서 더 높은 능력을 보였다. 특히 악기 연주는 IQ를 7점이나 올려 주는 결과를 가져온다고 밝혀지기도 했다.[6] 이처럼 악기 연주는 전신운동을 할 때처럼 많은 정보를 동시에 처리한다. 악기 연주는 전공자처럼 실력이 뛰어나지 않아도 자신이 좋아하는 한 곡을 연주할 수 있는 정도면 좋다.

● 그림 그리기

캐나다 워털루 대학교 연구진은 그림 그리기는 시각적, 공간적, 언어적인 요소는 물론, 운동적 요소까지 포함된 공감각적인 표현 방식이어서 다른 기억법보다 우월하며, 그리기를 통한 기억법은 아직 손상되지 않은 뇌 부위를 활용하기 때문에 기억력 장애와 함께 언어능력이 급속하게 쇠퇴하는 치매 환자에게도 도움이 된다고 발표했다.[7]

● 독서

독서는 뇌를 건강하게 해 주는 좋은 활동이다. 미국 카네기멜런 대학교 연구원들은 독서를 많이 한 아이들의 백색질에 신경망이 더 많이 형성된 것을 발견했다. 이러면 뇌 전체를 사용하는 능력이 향상된다. 특히 문학 작품을 묵독할 때 뇌 전체가 활성화되면서 백색질에 구조적인 변화가 일어났다.[8]

● 감사

한 신문에서 암에 잘 걸리지 않는 미국의 한 동네에 대한 기사를 실었다. 그들의 특징 중 하나가 바로 감사하는 습관을 갖고 있었다는 것이다. 긍정적이고 새로운 생각은 신경회로를 새롭게 바꾼다. 그리고 자주 활성화되는 뉴런은 서로 연결되기 때문에 뇌의 회복을 촉진한다. 또한 감사하는 마음은 세로토닌을 생성하여 기분을 좋게 해 주며, 우울이나 불안 등 정신건강을 위협하는 요소로부터 뇌 건강을 지켜 주어 더 행복한 삶을 살도록 도와준다. 이처럼 감사는 면역력이 좋아지게 만들 뿐 아니라 각종 우리 몸에 좋은 반응들이 나타나게 해 주고, 뇌세포를 건강하게 만들어 뇌가소성을 증가시킨다.

● **일찍 자기**

자기를 인식하고, 행동을 계획하며, 불필요한 행동을 억제하고, 문제 해결을 위한 전략을 수립하고, 의사결정을 하는 등 인간을 인간답게 하는 뇌라고 불리는 전전두엽은 숙면을 통해서 회복된다고 한다.[9] 그래서 잠을 자고 나면 기분 전환이 되고, 해리 작용을 통해 기억하고 싶지 않은 것을 잊어버릴 때가 있다. 스트레스를 받거나 속상한 일이 생기면 그냥 자는 사람이 있다. 잠이 올 상황이 아닌데도 자는 것이다. 그게 이상심리학에서 말하는 해리이다. 대표적인 해리는 기절했던 것도 아닌데 그때 일어났던 상황을 완전히 잊어버리는 것이다. 기억하기에는 너무 괴롭고 충격적인 상황일 때는 잠을 통해 그 부분을 삭제해 버리는 것이다. 이처럼 괴롭고 힘들 때는 일찍 자는 것이 도움이 된다.

● **건강하고 건설적인 일을 통한 규칙적인 보상의 중요성**

우리는 보통 A라는 행동을 했을 때 원했던 B라는 결과가 주어지면 만족감을 느끼게 된다. 이것을 보상이라고 한다. 반대로 A를 했을 때 B가 즉각적으로 나타나지 않으면 짜증이 나고 우울감을 느낀다. 규칙적인 보상은 그 사람에게 견딜 수 있는 힘을 준다. 그래서 아이들이 나쁜 행동을 하지 않도록 유도하기 위해서는 규칙적인 보상을 주는 것이 중요하다. 예를 들어 아이가 학원을 가지 않았을 때 왜 가지 않았냐고 야단치는 것보다, 갔다 왔을 때 "잘했다." 하고 칭찬해 주면 도파민이 발생하게 되는 것이다. 이렇게 반복적으로 보상을 얻는 경험이 쌓이면, 힘든 상황을 만나더라도 견딜 수 있는 힘이 생기게 된다.

● **재능 발견하기**

10대 청소년의 넘치는 열정과 불안정한 뇌 구조를 생각해 본다면, 일관성 있게 개발할 수 있는 재능과 역량을 인지하는 것이 중요하다.

전술한 바와 같이, 많은 청소년들이 게임에 중독되는 이유로 '학업 스트레스'를 꼽았다. 고등학교까지의 공교육은 성인이 되어 사회에 나갔을 때 사회구성원으로서 살아갈 수 있도록 필요한 과목을 제공한다. 그러나 이것이 도를 넘어 수십만 가지의 재능을 뒤로한 채, 모든 사람들에게 천편일률적으로 교과목 안에서의 학습 능력만 인생의 기준으로 삼고 강요하게 되면, 10대들은 긴장, 불안, 스트레스를 받게 된다. 자신의 열정을 쏟아부을 수 있는 환경이 조성되지 못해 혹은 자신의 재능이 무엇인지 몰라 방황하다가 여러 가지 중독에 빠질 수도 있다.

그러므로 양육자들은 청소년 시기에 스포츠, 예술, 음악, 기술, 봉사, 과학, 각종 연구 등 다양한 분야를 경험하게 하고, 어떤 것이 아이의 적성과 재능, 흥미와 관련이 있는지 찾아낼 수 있도록 도와주어야 한다. 김연아는 빙상에서 도파민을 분출했고, 박세리는 필드에서 꿈을 실현했다. 많은 스포츠 선수들과 전문가들이 양육자와 주변 사람들로부터 자신의 장점과 재능에 대해 적절한 피드백을 얻게 된다. 그러므로 우리는 아이들이 다른 사람의 관점에서, 또한 자신을 바라보는 관점에서 재능을 잘 이해하고 파악하도록 도와줌으로써 건전한 도파민의 선용을 이끌어야 할 것이다.

● **종교생활**

국내 최고의 뇌 치유 상담 권위자로 모두 11권의 뇌 치유 관련 서적을 출간한 한국상담개발원장 손매남 박사는 "감사와 평안, 기쁨과 은혜, 긍정의 자세야말로 뇌 속 지휘자로 불리는 진정한 세로토닌이 아닐 수 없다."라며 뇌 건강과 뇌 치유를 위해 종교생활이 도움이 될 수 있다고 말했다.[10]

절망 가운데 있는 아이를 마주한 양육자에게

아이들에게 "지킬 건 지키자."라는 교육을 하고 나면 아이들도 가이드라인을 갖게 됩니다. 그러면서 자신이 그동안 적색신호일 때 길을 건넌 것은 아닌지 돌아보게 됩니다. 이런 과정을 거쳐 "그동안 잘해 오고 있었구나." 또는 "난 이미 일탈 행위를 했구나."라고 판단하게 되는 것이지요.

그런데 간혹 저를 찾아와 이런 이야기를 하는 아이들이 있었습니다.
"저는 에너지 음료에 중독되었어요. 제 머리와 몸은 이미 망가졌을까요?"
"저는 전자 담배를 피워요. 괜찮은 줄 알았는데 그게 아니었다니 제 몸에 암 물질이 잔뜩 생겼을까요? 아, 진짜 기분 너무 다운되네요."
"저는 음란물도 보고 게임도 하다가 날밤을 새기도 했는데, 그게 중독이라고는 생각하지 못했어요. 카페인을 끊임없이 마셔 가며 게임하다 죽은 사람의 이야기를 하실 때 제 이야기 같아 너무 섬뜩해서 놀랐어요. 오늘 강의를 듣다 보니 저는 한두 가지에 중독된 게 아닌 것 같아요. 제 친구도 강의 내내 제 생각이 났대요. 선생님, 이렇게 어린 나이에 이미 여러 가지 중독에 빠졌다니, 저는 지금 인생에서 바닥을 치는 기분이에요."

이런 아이들에게 우리는 어떻게 말해 주어야 할까요?
"네가 바닥을 치는 것 같은 기분이 든다면 왜 그런 기분이 드는지 마음을 들여다보면 어떨까? 그래서 되돌아보아야 할 것, 수정해야 할 것이 있다면 직면해 봐. 누구나 실수할 수 있어. 하지만 그 실수를 계기로 더 성장하는 것, 그리고 그 실수를 반복하지 않는 게 중요한 거야. 비행기로 친다면 너는 지금 활주로에 있는 셈이지."
아이의 눈이 동그래졌습니다.
"비행기는 하늘을 날 수 있어. 활주로에 있는 비행기, 즉 바닥에 있는 비행기는 날 준비를 하는 거야. 날아오를 준비를 하지 않는 게 진짜 바닥을 치는 거야. 그러니 이왕 바닥에 있는 김에 기름도 채우고, 나사도 꽉 조이고, 비행기를 윤이 나게 닦자. 훨훨 날아오를 준비를 하자." 활주로에 비유해서 설명하니, 아이의 표정이 밝아지고 자신감을 얻기 시작했습니다.

요즘 많은 아이들이 마음의 안전 기지 없이 살고 있습니다. 역기능을 하는 가정도 많고, 특히 팬데믹 이후에 인간과 인간 사이의 단절을 경험한 아이들이 많아졌으며, 십 대의 우울증 또한 급증하여 우울증 치료를 받는 아이들도 많습니다.
아이들이 바닥을 치고 있는 것 같은 기분을 느끼고 있을 때 활주로 이야기를 해 주시면 어떨까요? "너는 활주로에 있는 비행기야. 날아오를 준비를 하는 거지. 그렇기 때문에 이 순간은 정말 중요하고 의미 있어." 그래서 하늘을 날아오를 때뿐만 아니라 바닥을 치고 있는 것 같은 기분이 드는 이 시간도 의미 있다는 것을 알려 주어야 합니다.

『빅터 프랭클의 죽음의 수용소에서』(청아출판사, 2020)라는 책은 의미를 찾는 것이 중요하다고 말하고 있습니다. 마냥 행복한 순간이든, 행복하지 않게 느껴지는 순간이든 그 순간의 의미를 찾는 것이 중요하다는 것입니다. 그 의미를 찾은 사람의 삶은 충분히 행복한 삶으로 전환될 수 있습니다.

아이들이 중독적인 일상을 보내고 나서 무력감, 상실감, 자책감에 빠져 있을 때, 우리는 그의 힘듦을 공감해 주어야 합니다. 그리고 앞으로는 녹색신호 때 건널 것을 독려하되, 날아오를 준비를 하고 있는 비행기의 의미 있는 시간이라는 것을 깨우쳐 주는 것이 필요합니다. 또한 중독 치료를 위해 전문기관으로부터 도움받는 것을 부끄러워하거나 주저하지 않도록 독려해야 합니다. 그러면서 "너는 충분히 사랑스럽고 소중한 존재야. 네가 중독으로부터 벗어나 멋지게 창공을 날아 목적지에 도달하도록 도와줄게."라고 말해 주면 어떨까요?

미주

1장. 중독

1) https://www.customs.go.kr/download/drug/drug_file1.pdf.

2장. 마약 중독

1) https://www.mfds.go.kr/wpge/m_736/de010114l001.do.
2) 조선일보, "작년 마약사범 1만 8395명 적발, 최다", 2023년 2월 1일. https://www.chosun.com/national/court_law/2023/02/01/JT5OYRMV7BCVLP6PKTSELCDJO4/.
3) "의학전문기자(전문의)가 보는 미국의 '좀비랜드', 켄싱턴 거리", 유튜브 채널 "크랩", https : //www.youtube.com/watch?v=SRjny44ZTUY.
4) MBN, "'좀비 마약' 펜타닐에 자일라진까지… 미국, 마약 혼합·오용 문제 '심각'", 2023년 2월 25일. https://n.news.naver.com/article/057/0001724958?sid=104.
5) 한국일보, "'펜타닐과의 전쟁 중'인 미국… 동물용 진정제 '복병' 만났다", 2023년 2월 13일. https://n.news.naver.com/article/469/0000723243?sid=104.
6) 경향신문, "마약과 살인의 나라가 된 네덜란드… '관대한 마약정책 때문'", 2021년 10월 21일. https://n.news.naver.com/article/032/0003105238?sid=104.

3장. 카페인 중독

1) 나명옥, "카페인의 이모저모: 카페인의 양면성… 적당한 섭취 '약', 넘치면 '독'", 『과학과 기술』, 2013년 5월, 65-68. https://scienceon.kisti.re.kr/commons/util/originalView.do?cn=JAKO201372478756893&dbt=JAKO&koi=KISTI1.1003%2FJNL.JAKO201372478756893.
2) 식품의약품안전처, 식품첨가물공전 내 검색어 '카페인', 2023년 4월 28일 개정. https://various.foodsafetykorea.go.kr/fsd/#/ext/Document/FA?searchNm=%EC%B9%B4%ED%8E%98%EC%9D%B8&itemCode=FA0A024003004A484.
3) 조선일보, "해충도 마비시킨다고? '카페인 중독'의 진실", 2017년 2월 10일. https://www.chosun.com/site/data/html_dir/2016/11/28/2016112801715.html.
4) 나명옥, "카페인의 이모저모: 카페인의 양면성… 적당한 섭취 '약', 넘치면 '독'", 『과학과 기술』, 2013년 5월, 65-68. https://scienceon.kisti.re.kr/commons/util/originalView.do?cn=JAKO201372478756893&dbt=JAKO&koi=KISTI1.1003%2FJNL.

JAKO201372478756893.

5) 최삼욱 외, "카페인, 의존성 약물인가", 『중독정신의학』, 2007년, 제11권, 제2호, 55-60. https : //scienceon.kisti.re.kr/srch/selectPORSrchArticle.do?cn=NART48044264&dbt=NART).

6) 나무위키, 검색어 '카페인', 2021년 12월 20일 기준. https : //namu.wiki/w/%EC%B9%B4%ED%8E%98%EC%9D%B8.

7) 나명옥, "카페인의 이모저모:카페인의 양면성… 적당한 섭취 '약', 넘치면 '독'", 『과학과 기술』, 2013년 5월, 65-68.

8) 정신의학신문, "어디선가 풍겨 오는 유혹의 향기-카페인 중독", 2021년 7월 24일. http : //www.psychiatricnews.net/news/articleView.html?idxno=31464.

9) 김나연 외, "청소년 고카페인 음료 섭취빈도와 정신건강의 관련성 연구", 『한국식생활문화학회지』, 2017, vol.32, no.1, 66-74.

10) 최삼욱 외, "카페인, 의존성 약물인가", 『중독정신의학』, 2007년, 제11권, 제2호, 55-60. https : //scienceon.kisti.re.kr/srch/selectPORSrchArticle.do?cn=NART48044264&dbt=NART).

11) 탄베 유키히로, 『커피과학』(황소자리, 2017).

12) 정신의학신문, "어디선가 풍겨 오는 유혹의 향기-카페인 중독", 2021년 7월 24일. http : //www.psychiatricnews.net/news/articleView.html?idxno=31464.

13) 탄베 유키히로, 『커피과학』(황소자리, 2017).

14) 연합뉴스, "죽음 부른 카페인… 카페인 음료 3잔 마신 美고교생 사망", 2017년 5월 16일. https : //www.yna.co.kr/view/AKR20170516167500009.

15) 조선일보, "해충도 마비시킨다고? '카페인 중독'의 진실", 2017년 2월 10일. https : //www.chosun.com/site/data/html_dir/2016/11/28/2016112801715.html.

16) Jamie Borchardt, "Alcohol and Energy Drinks Among the College Population", *Journal of Alcohol and Drug Education* Vol. 60, No. 3 (December 2016), 16-21.

17) 최삼욱 외, "카페인, 의존성 약물인가", 『중독정신의학』, 2007년, 제11권, 제2호, 55-60. https : //scienceon.kisti.re.kr/srch/selectPORSrchArticle.do?cn=NART48044264&dbt=NART).

18) 위의 자료.

19) 시사저널, "'카페인 중독', 그 위험한 유혹", 2010년 7월 26일. https://www.sisajournal.com/news/articleView.html?idxno=129758.

20) 헬스조선, "담배 끊을 때, 같이 끊어야 할 '2가지'", 2021년 4월 21일. https://health.chosun.com/site/data/html_dir/2021/04/21/2021042102171.html.

21) 위의 기사.

22) 정신의학신문, "어디선가 풍겨 오는 유혹의 향기-카페인 중독", 2021년 7월 24일. http://www.psychiatricnews.net/news/articleView.html?idxno=31464.
23) Strain EC, Griffiths RR. Caffeine. In: Tasman A, Kay J, Lieberman JA editors. Psychiatry. Volume I. Philadelphia, PA, Saunders Company; 1997. 779-794.
24) 최삼욱 외, "카페인, 의존성 약물인가", 『중독정신의학』, 2007년, 제11권, 제2호, 55-60. https://scienceon.kisti.re.kr/srch/selectPORSrchArticle.do?cn=NART48044264&dbt=NART.
25) 탄베 유키히로, 『커피과학』(황소자리, 2017).
26) 최삼욱 외, "카페인, 의존성 약물인가", 『중독정신의학』, 2007년, 제11권, 제2호, 55-60. https://scienceon.kisti.re.kr/srch/selectPORSrchArticle.do?cn=NART48044264&dbt=NART.
27) E. C. Strain G. K., Mumford, K. Silverman, R. R. Griffiths, "Caffeine dependence syndrome. Evidence from case histories and experimental evaluations", J Am Med Assoc 1994. Oct 5; 27213. 1043-1048.
28) 최삼욱 외, "카페인, 의존성 약물인가", 『중독정신의학』, 2007년, 제11권, 제2호, 55-60. https://scienceon.kisti.re.kr/srch/selectPORSrchArticle.do?cn=NART48044264&dbt=NART.
29) 장영은, 정혜경, "아동의 카페인 섭취실태에 관한 연구", 『한국영양학회지』, 2010, 43(5), 475-488. https : //www.koreascience.or.kr/article/JAKO201013351015109.pdf.
30) 시사저널, "'카페인 중독', 그 위험한 유혹", 2010년 7월 26일. https : //www.sisajournal.com/news/articleView.html?idxno=129758.
31) 매일경제, "수시로 마시는 커피·녹차 … 카페인 중독?", 2011년 12월 2일자. https : //www.mk.co.kr/news/it/view/2011/12/780875/.
32) 장영은, 정혜경, "아동의 카페인 섭취실태에 관한 연구", 『한국영양학회지』, 2010, 43(5), 475-488. https : //www.koreascience.or.kr/article/JAKO201013351015109.pdf.
33) 위의 연구.
34) 정신의학신문, "어디선가 풍겨 오는 유혹의 향기-카페인 중독", 2021년 7월 24일. http : //www.psychiatricnews.net/news/articleView.html?idxno=31464.
35) Lim HO. Survey on safety of energy drink. Consumer safety. Korea Consumer Agency, 2013 November. & Lee SS. Survey of intake of beverages containing caffeine (coffee) among elementary and middle school students. Consumer safety. Korea Consumer Agency, 2002 November. & Heatherley SV, Hancock KM, Rogers PJ. Psychostimulant and other effects of caffeine in 9 to 11 year old children. Journal of Child Psychology and Psychiatry. 2006 ; 47(2) : 135-142. http : //dx.doi.org/10.1016/s0084-

3954(08)70465-2. & Seifert SM, Schaechter JL, Hershorin ER, Lipshultz SE. Health effects of energy drinks on children, adolescents, and young adults. Pediatrics. 2011 ; 127(3) : 511-528. http : //dx.doi.org/10.1542/peds.2009-3592.

36) Korea Consumer Agency, Research on the Actual Condition of Energy Drinks Intake, 2013. https://www.kca.go.kr/repo/handle/2015.oak/664.

37) Lee SJ, Kim HC, Kim MR, "Study on recognition, knowledge, and intake behavior of foods containing caffeine of high school students in Gyeongbuk region", Journal of Korean Home Economics Education Association, 2014, 26(4) : 21-34.

38) M. C. Skewes, C. R. Decou, V. M. Gonzalez, "Energy drink use, problem drinking and drinki-ng motives in a diverse sample of Alaskan college students", International Journal of Circumpolar Health. 2013. Aug 5; 72. http : //dx.doi.org/10.3402/ijch.v72i0.21204.

39) 박정숙 외, "대학생의 고카페인 에너지 음료 섭취실태, 위험 인식 및 부작용 경험", 『한국보건간호학회지』, 2015, 29(1), 102-114. http : //kumel.medlib.dsmc.or.kr/bitstream/2015.oak/37078/1/oak-bbb-05150.pdf.

40) 헬스조선, "에너지음료 장기간 마신 日20대 사망, 원인은 '이것'", 2015년 12월 22일. https : //health.chosun.com/site/data/html_dir/2015/12/22/2015122201826.html.

41) 박정숙 외, "대학생의 고카페인 에너지 음료 섭취실태, 위험 인식 및 부작용 경험", 『한국보건간호학회지』, 2015, 29(1), 102-114. http : //kumel.medlib.dsmc.or.kr/bitstream/2015.oak/37078/1/oak-bbb-05150.pdf.

42) 나명옥, "카페인의 이모저모:카페인의 양면성… 적당한 섭취 '약', 넘치면 '독'", 『과학과 기술』, 2013년 5월, 65-68. https://scienceon.kisti.re.kr/commons/util/originalView.do?cn=JAKO201372478756893&dbt=JAKO&koi=KISTI1.1003%2FJNL.JAKO201372478756893. 조선일보, "해충도 마비시킨다고? '카페인 중독'의 진실", 2017년 2월 10일. https : //www.chosun.com/site/data/html_dir/2016/11/28/2016112801715.html.

43) 일요서울, "학생 사이서 횡행하는 '카페인 알약' 문제없나", 2019년 5월 3일. https : //www.ilyoseoul.co.kr/news/articleView.html?idxno=307576.

44) 매일경제, "카페인 알약·포도당 캔디에 빠진 수험생들", 2019년 4월 28일. https : //www.mk.co.kr/news/society/view/2019/04/270372/.

45) 나무위키, 검색어 '카페인', 2021년 12월 22일 기준. https : //namu.wiki/w/%EC%B9%B4%ED%8E%98%EC%9D%B8.

5장. 음란물 중독

1) 법제처 국가법령정보센터, "음란물건전시"(판례·해석례 등), 2022년 10월 5일 기준. https://www.law.go.kr/precSc.do?menuId=7&subMenuId=47&tabMenuId=213&query=%EC%9D%8C%EB%9E%80%EB%AC%BC%EA%B1%B4%EC%A0%84%EC%8B%9C#licPrec175499.

2) 법제처 국가법령정보센터, "정보통신망이용촉진및정보보호등에관한법률위반"(음란물유포 등)(판례·해석례 등), 2022년 10월 5일 기준. https://www.law.go.kr/precSc.do?menuId=7&subMenuId=47&tabMenuId=213&query=%EC%9D%8C%EB%9E%80%EB%AC%BC%EA%B1%B4%EC%A0%84%EC%8B%9C#licPrec85589.

3) 행정안전부 보도자료, "음란물 본 청소년 5% 성추행·성폭행 충동 느껴", 2012년 7월 30일 게시. https : //www.mois.go.kr/frt/bbs/type010/commonSelectBoardArticle.do?bbsId=BBSMSTR_000000000008&nttId=29170.

4) 연합뉴스, "또래 나오는 음란 동영상 SNS로 공유' 10대 무더기 입건", 2016년 8월 1일. https : //www.yna.co.kr/view/AKR20160801097600063.

5) Olds, J., & Milner, P., "Positive reinforcement produced by electrical stimulation of septal area and other regions of rat brain", Journal of Comparative and Physiological Psychology , 1954, 47(6), 419-427. https : //psycnet.apa.org/doiLanding?doi=10.1037%2Fh0058775. 브레인미디어, "뇌는 무얼 하든 상관없다. 그저 쾌감을 원할 뿐!", 2013년 12월 17일. http : //www.brainmedia.co.kr/BrainScience/13064.

6) Christian Laier, "Pornographic Picture Processing Interferes with Working Memory Performance", The Journal of Sex Research , Vol. 50, 2013-Issue 7. https : //www.tandfonline.com/doi/full/10.1080/00224499.2012.716873. MailOnline, "Viewing online pornography 'can make you loseyour memory'", 2012년 12월 16일. https : //www.dailymail.co.uk/news/article-2248923/Watching-internet-porn-cause-memory-loss.html. 중앙일보, "'야동' 밝히는 사람, 기억력 뚝뚝 떨어진다", 2015년 10월 14일. https : //jhealthmedia.joins.com/article/article_view.asp?pno=15862. (참고 : PubMed.gov, Huynh HK etc., "High-intensity erotic visual stimulide-activate the primary visual cortex in women", Journal of Sexual Medicine , April 2012, 9(6) : 1579-87. https : //www.ncbi.nlm.nih.gov/pubmed/22489578. 단기 기억력(working memory) 상실이 일어나는 이유를 알 수 있는 선행 연구가 있었는데, 여성들이 고강도의 에로틱한 영화를 볼 때에 성적 흥분 시에 뇌에 혈류가 재구성되는 현상이 있었음.

7) Simone Kühn, "Ph D, Jürgen Gallinat, Ph D", "Brain Structure and Functional Connectivity Associated With Pornography Consumption : the brain on porn", JAMA Psyc-

hiatry . 2014; 71(7) : 827-834. https : //jamanetwork.com/journals/jamapsychiatry/article-abstract/1874574. MAX PLANCK INSTITUTE, "Viewers of Pornography Have a Smaller Reward System", 2014년 6월 2일. https : //www.mpib-berlin.mpg.de/press-releases/pornography-is-a-social-taboo. 중앙일보, "'야동' 밝히는 사람, 기억력 뚝뚝 떨어진다", 2015년 10월 14일. https : //jhealthmedia.joins.com/article/article_view.asp?pno=15862.

8) MailOnline, "Watching porn rewires the brain to a more juvenile state, neuroscientist warns", 2019년 11월 28일. https : //www.dailymail.co.uk/health/article-7736569/Watching-porn-rewires-brain-juvenile-stateneuroscientist-warns.html.

9) 미디어 오늘, "음란물 보면 공격성 강해진다", 2009년 7월 5일. http : //www.mediatoday.co.kr/news/articleView.html?idxno=81067.

10) EBS 다큐프라임, "아이의 사생활 2-제1부 사춘기", 2009년 7월 12일 게시. https : //docuprime.ebs.co.kr/docuprime/vodReplayView?siteCd=DP&courseId=BP0PAPB0000000005&stepId=01BP0PAPB0000000005&lectId=3028194.

11) 대한민국 정책브리핑, "청소년 성인물 이용 실태조사 결과", 2012년 7월 30일. http : //www.korea.kr/news/policyBriefingView.do?newsId=148736856.

12) 동아일보, "[김영화의 성교육] 음란물 중독의 4단계", 2013년 3월 14일. https://newsroom.cha.ac.kr/cha-info-%EB%A9%94%ED%83%80%EC%9D%B8%EC%A7%80/. http : //www.donga.com/news/View?gid=53681933&date=20130314. Catholic News Agency, "Pornography's Effects on Adults and Children"(빅터 클라인의 에세이 요약). https : //bit.ly/33DArLO. Victor B. Cline, "Pornography's Effects on Adults and Children"(빅터 클라인의 에세이 전문, 2001년 pdf 버전). https : //bit.ly/3992Qdx.

6장. 게임 중독

1) https://terms.naver.com/entry.naver?docId=3597374&cid=58598&categoryId=59316.
2) [네이버 지식백과] 게임 중독 [game addict] (두산백과 두피디아, 두산백과).
3) https://health.chosun.com/site/data/html_dir/2005/12/13/2005121356001.html.
4) https://newsroom.daewoong.co.kr/archives/3064.
5) 위의 자료.
6) <Serious Games for Mental Health: Are They Accessible, Feasible, and Effective? A Systematic Review and Meta-analysis>, Front. Psychiatry, 18 January 2017.
7) http://www.gysarang.com/Module/News/News.asp?MODE=V&SRNO=20810.

8) https://news.kbs.co.kr/news/pc/view/view.do?ncd=3651694&ref=A.
9) 2021년 게임 과몰입 종합 실태조사, 한국콘텐츠진흥원, 2022.
10) http://www.psychiatricnews.net/news/articleView.html?idxno=449.
11) https://news.sbs.co.kr/news/endPage.do?news_id=N0311617389.
12) https://www.hani.co.kr/arti/society/society_general/55670.html.
13) https://livelive.tistory.com/590.
14) https://www.joongang.co.kr/article/4045929#home.
15) https://livelive.tistory.com/590.
16) https://www.donga.com/news/Inter/article/all/20180503/89920254/2.
17) https://www.chosun.com/international/topic/2022/02/01/OMZA7FB7WZDE7HRMACIBFKSPFA/.
18) https://news.kbs.co.kr/news/pc/view/view.do?ncd=3651694.

7장. 중독으로 망가진 뇌 회복을 위한 노력

1) 차 의과대학교, "CHA-info 메타인지(metacognition)", 2020년 1월 9일, https://newsroom.cha.ac.kr/cha-info-%EB%A9%94%ED%83%80%EC%9D%B8%EC%A7%80/.
2) 조선일보, "아이들 책 읽는 습관 들이면, GDP 상승으로 돌아옵니다", 2016년 3월 4일. https://www.chosun.com/site/data/html_dir/2016/03/04/2016030400330.html.
3) 이웃집과학자, "뇌 절반 제거했는데 '멀쩡한' 여성", 2020년 11월 13일. http://www.astronomer.rocks/news/articleView.html?idxno=89467.
4) 조선일보, [의학] '한쪽 뇌 잘라도 거의 정상생활" NYT보도", 1997년 8월 29일. https://www.chosun.com/site/data/html_dir/1997/08/29/1997082970317.html.
5) 조선멤버스, "[나해란의 뇌과학 교실] 몸 움직이면 도파민·세로토닌 분비… 의욕 북돋아 주죠", 2018년 11월 14일. http://newsteacher.chosun.com/site/data/html_dir/2018/11/13/2018111300093.html.
6) 대경일보, "[음악과 인생] 악기를 하면 과연 좋을까?", 2017년 2월 22일. https://www.dkilbo.com/news/articleView.html?idxno=102278.
7) 코메디닷컴, "치매 예방, 글쓰기보다 그림 그리기가 낫다(연구)", 2018년 12월 7일. https://kormedi.com/1257976/%EC%B9%98%EB%A7%A4-%EC%98%88%EB%B0%A9-%EA%B8%80%EC%93%B0%EA%B8%B0%EB%B3%B4%EB%8B%A4-%EA%B7%B8%EB%A6%BC-%EA%B7%B8%EB%A6%AC%EA%B8%B0%EA%B0%80-%EB%82%AB%EB%8B%A4-%EC%97%B0%EA%B5%AC/.

8) 중앙일보, "Opinion : 본래 산만했던 인간의 뇌, 책 안 읽으면 원시인처럼 된다", 2019년 2월 25일. https : //www.joongang.co.kr/article/23394556#home.
9) MEDI : GATE NEWS, "밤에 꿀잠을 자야 뇌 쓰레기가 말끔히 청소된다", 2019년 12월 6일. https : //m.medigatenews.com/news/1399042051.
10) 국민일보, 2015년 11월 5일. https : //m.kmib.co.kr/view.asp?arcid=0923306810.

우리 자녀를 위한 신호등 성교육 시리즈

이만하길
다행이야

초판발행	2023년 12월 22일
3쇄발행	2024년 10월 30일

지은이	김지연
그 림	김지연
펴낸이	강성훈
발행처	PCKBOOKS
주 소	03128 / 서울시 종로구 대학로3길 29, 신관 4층(연지동, 총회창립100주년기념관)
편집국	(02) 741-4381 / 팩스 741-7886
영업국	(031) 944-4340 / 팩스 944-2623
홈페이지	www.pckbook.co.kr
등 록	No. 1-84(1951. 8. 3.)

ISBN 978-89-398-8004-7
값 7,800원

※ 이 출판물은 저작권법에 의해 보호를 받는 저작물이므로 무단전재와 무단복제를 할 수 없습니다.